新编高职高专旅游管理类专业规划教材
谢彦君　总主编

HUIZHAN LÜYOU

会展旅游

刘开萌　肖　靖　主　编
杨　璐　和文征　贾玉芳　王晓庆　副主编
雷俊霞　吴　萍　时　晨　李晓楠　付　娟　参　编

北京·旅游教育出版社

新编高职高专旅游管理类专业规划教材编委会

主　任　谢彦君
委　员　（按音序排列）
　　　　狄保荣　　韩玉灵　　计金标
　　　　姜文宏　　罗兹柏　　王昆欣
　　　　张广海　　张新南　　朱承强

总　序

经过将近三年的策划与组织,旅游教育出版社的"新编高职高专旅游管理类专业规划教材"终于要整体付梓印行了。本套丛书不管是在编写宗旨的确立还是在撰著者的遴选方面,都经历了一个较为严谨而细致的过程,这也为保证丛书的质量奠定了一个良好的基础。

中国的高等旅游教育和旅游产业发展,已经度过了三十多个春秋。从20世纪70年代末的筚路蓝缕到今天已蔚为大观的局面,这当中包含了几代学人和业者共同努力、共同创业的艰辛。在今天看来,尽管在这个知识和行业共同体中曾经并依然存在着观点、思想和认识上的碰撞和摩擦,但一路前行的步伐却始终没有停止过。这也是中国旅游教育界、旅游产业界呈现于世人的最令人鼓舞的风貌和景观。

在整个高等旅游教育体系中,职业教育的发展只是在最近的十几年中才真正被政府纳入到大力发展的战略框架当中,并在今天形成了占据旅游高等教育半壁江山的势头。如果站在整个旅游高等教育的视野来审视旅游职业教育和普通教育在整个旅游高等教育中的局面,大家会有一个基本的共识:旅游高等职业教育在人才培养方面,无疑更加体现了专业细分、供需对接、学为所用的人才培养效率和效果,并不像旅游本科教育那样,每年的毕业生有70%以上流入其他行业或领域,从而造成社会教育资源的极大浪费。这个问题学界多有认识、阐述和呼吁,并一致认为,其根源在一定程度上是由本科专业目录管理过于僵化的行政机制所造成。值得欣慰的是,最新的本科专业目录调整方案中,已经增设了饭店管理专业,这一举措借鉴了旅游专业高等职业教育按照旅游大类进行专业细化的成功方面,昭示了旅游大类下设专业(二级学科)进一步有限度地细化的趋势。

不过，尽管旅游专业的高等职业教育有其成功的地方，但也不是没有问题。在专业格局有了科学规划的前提下，人才培养的质量就取决于具体的人才培养方案了。在这当中，各个学校所拥有的教学资源、师资队伍、教材、教学法等方面的准备，就成为关键的教育因素。如果仔细盘点目前我国旅游专业高等职业教育在这一方面的家底，其实还很不容乐观。在我看来，由于我们对职业教育在认识上还不够成熟，准备上还不够充分，操作上还有待完善，加之旅游职业教育向来多以接待服务为教育的主体内容，缺乏硬技术、高门槛，因此，中国的旅游职业教育，依然显得离岗位培训距离不远、差异不大。在知识体系和职业技能的衔接方面，始终没有找到最好的途径和策略。因此，旅游职业教育在培养人的职业深度发展空间方面，始终有浅薄无力的缺欠。这是一个需要警觉，同时也是一个需要时间才能加以解决的问题。

旅游教育出版社在策划本套丛书的初期，就曾意识到这个问题，并有努力解决这一问题的想法。在本套丛书的书目确定、作者遴选、写作宗旨的厘定等方面，都试图对上述问题作出回应。从各位作者所作的努力来看，本套丛书还是在一定程度上解决了这个问题。整套丛书中，不乏在这方面做得很好的，也有在其他方面展现了充分特色的著作。因此，希望本套丛书的面世能够给旅游职业教育提供一套比较适用的教材资源。

本套丛书的作者都来自职业教育工作的教学与科研第一线，他们在各自所长的学科领域也都多有建树。作为本丛书的主编，我十分感谢他们在编写过程中所作出的巨大努力以及展现出来的合作与奉献精神。

由于水平所限，加之本人对旅游职业教育的理解缺乏深度，因此，本套丛书还是会存在总体架构、基本思想和具体编写工作方面的诸多不足甚至错谬。希望广大读者和其他人士对本书的缺欠不吝赐教，以图再版时予以修正，避免贻误学生。

是为序。

谢彦君

2011 年 7 月 22 日于灵水湖畔

前言

我国会展旅游业起步比较晚,与欧美国家相比仍处于起始阶段。20世纪90年代以来我国会展旅游业发展迅速,年增长速度达到20%以上,大大高于我国其他领域经济总量的增长速度。根据联合国世界旅游组织的预测,到2020年,中国将成为世界第一旅游国及第四大客源国。中国悠久璀璨的文明和厚重独特的文化,对全世界都有着无可比拟的吸引力。会展旅游、休闲旅游、观光旅游三驾马车并驾齐驱,其中会展旅游因其旅游者的群体数量庞大、人均消费档次高、异地停留时间长等特点,发展前景尤为广阔。

伴随着我国会展旅游业的迅速发展,会展旅游人才紧缺的矛盾日益突出,会展业旅游人才的匮乏正在成为会展旅游业发展的瓶颈。以上海为例,目前上海每周要举办5.5个展览,而现有的会展旅游、运营管理、广告和物流等人才仅能满足1/3的市场需要。类似的人才供需矛盾在北京、广州等会展业发达的城市同样突出。与会展旅游发达的国家相比,我国会展旅游业没有形成职业化体系,浙江亚太会展业发展研究所表示:目前会展旅游业从业人员真正经过专业培训的仅占1%,会展旅游复合型人才奇缺。

本书是在吸收借鉴了大量会展概论、会展旅游、节事活动相关研究成果的基础上,结合一线教育教学实践,在2013年度河南省教育厅科学技术研究重点项目结项成果(项目编号13B630286)的基础上编写而成。在内容编排上注重实践性与前沿性、重点突出、特色鲜明,符合旅游职业教育实际,在阐述介绍的同时,引入大量小思考、知识链接、案例分析、情境模拟与实践训练，教习结合，学练叠成。力求集理论性、知识性、可读性、实用性于一体，注重会展旅游组织、策划、实施等专业知识和职业技能的掌握，以达到学以致用的目的。

本书在编写过程中，大量参考和引用了本行业专家、学者的研究成果，在参考文献中如有遗漏，特此致歉，并表达最诚挚的谢意。著书过程中我们得到了北京大学出版社、郑州旅游职业学院等单位的大力支持，这里一并表示谢意。

由于本书参编人员教学任务繁重，再加上水平有限，时间仓促，错误与不当之处在所难免，恳请专家学者和同仁及广大读者提出宝贵的批评意见。

刘开萌

2013.11.12

目 录

项目一　会展旅游 …………………………………………………………… 1
　任务一　会展旅游基础知识 ……………………………………………… 4
　　活动一：会展旅游概念 …………………………………………………… 4
　　活动二：会展旅游的历史 ………………………………………………… 6
　　活动三：会展旅游的主体、客体与介体 ………………………………… 7
　任务二　会展旅游的现状与发展 ………………………………………… 8
　　活动四：我国会展旅游业发展现状 ……………………………………… 8
　　活动五：我国会展旅游业面临的主要问题 …………………………… 14
　　活动六：我国会展旅游业的发展趋势 ………………………………… 16

项目二　会议旅游 ………………………………………………………… 21
　任务一　会议旅游概述 ………………………………………………… 24
　　活动一：会议旅游的基本概念和功能 ………………………………… 25
　　活动二：会议旅游的类型与特点 ……………………………………… 32
　　活动三：国内外会议旅游的现状和发展趋势 ………………………… 43
　任务二　会议旅游运作的流程 ………………………………………… 50
　　活动四：会议旅游运作的条件分析 …………………………………… 52
　　活动五：会议旅游操作的具体流程 …………………………………… 53
　　活动六：实训 …………………………………………………………… 58

项目三　展览旅游 ………………………………………………………… 72
　任务一　展览旅游概述 ………………………………………………… 75
　　活动一：展览旅游起源、历史 ………………………………………… 77

活动二：展览旅游的概念与特点、分类 ………………………… 79
　　活动三：展览旅游的发展条件与参与主体 ……………………… 82
　任务二　展览旅游的运作管理 ……………………………………… 91
　　活动四：展览旅游的策划 ………………………………………… 92
　　活动五：展览旅游的服务管理 …………………………………… 100
　　活动六：实训 ……………………………………………………… 104

项目四　节事旅游 …………………………………………………… 110
　任务一　节事旅游概述 ……………………………………………… 111
　　活动一：节事旅游的概念与类型 ………………………………… 112
　　活动二：节事旅游的特点与意义 ………………………………… 114
　　活动三：节事旅游的形成条件 …………………………………… 117
　　活动四：国内外节事旅游的现状与发展趋势 …………………… 119
　任务二　节事旅游策划与管理 ……………………………………… 130
　　活动五：节事旅游策划 …………………………………………… 131
　　活动六：节事旅游运营策划与管理 ……………………………… 134
　　活动七：实训 ……………………………………………………… 136

项目五　奖励旅游 …………………………………………………… 146
　任务一　奖励旅游概况 ……………………………………………… 148
　　活动一：奖励旅游的概念及本质分析 …………………………… 151
　　活动二：奖励旅游的基础分析 …………………………………… 155
　　活动三：奖励旅游的类型与特点 ………………………………… 159
　　活动四：国内外奖励旅游的现状与发展趋势 …………………… 164
　任务二　奖励旅游的策划 …………………………………………… 172
　　活动五：奖励旅游的策划 ………………………………………… 174
　　活动六：奖励旅游的运作模式 …………………………………… 179
　　活动七：实训 ……………………………………………………… 181

参考文献 …………………………………………………………… 186

项目一　会展旅游

学习目标

知识目标

1. 理解会展旅游的概念
2. 了解会展旅游的现状
3. 清楚会展旅游面临的主要问题

导入案例

新加坡会展业现状与发展趋势

新加坡的会展业起步于20世纪70年代中期,时间并不算早,但新加坡政府对会展业十分重视,新加坡会议展览局和新加坡贸易发展局专门负责对会展业进行推广。新加坡本身又具有发达的交通、通信等基础设施,较高的服务业水准、国际开放度以及英语普及率,所以新加坡曾于2000年被总部设在比利时的国际协会联合会评为世界第五大会展城市,并连续17年成为亚洲首选会展举办地城市,每年举办的展览会和会议等大型活动达3200个左右。

在以新加坡为中心的三小时飞行距离内,有2.5亿人口活动,每年仅中转旅客就达250万,新加坡正处在这样一个枢纽的位置。因此非常适合搞国际性的会展。新加坡的出入境十分方便,樟宜国际机场(见图1.1)连年被评为最佳国际机场之一,旅客下飞机后,十分钟就可以拿到托运的行李。多家媒体也将新加坡评为最适宜举办国际会展的城市之一。目前,新加坡有64家国际航空公司开设的航线,可直飞50个国家的154个城市。

新加坡旅游局的展览会议署建于1974年,主要任务是协调、配合会展公司开展工作,向国际上介绍新加坡举办国际会展的优势条件,促销在新加坡举办的各种会展。该署不是管理部门,只是协调配合,而且不向新加坡的会展公司收取任何费用。在新加坡举办会展没有任何相关管理法规的限制,举办展会也不需要经过任

图 1.1　新加坡樟宜国际机场

何审批手续。

新加坡有着比较成熟的市场经验和经营理念,最主要是新加坡会展业有品牌意识,也就是展会也要创品牌。如果展会有了自己的品牌,就能吸引参展商来参加,就可一届一届地办下去,也只有这样,才可能赢利。

国际上最大的会展公司——励展集团亚洲总部就设在新加坡。励展集团每年举办的大型国际展览超过 440 个,每年主办的会展为来自全球的十五六万家参展厂商及超过 900 万家买家创造商机。

对新加坡而言,竞争并不一定就是价格战。新加坡多数会展公司都是强调服务取胜,最重要的是提高展会的质量。励展集团每次展览后 3 至 6 个月内都要进行一次调查,了解一下参展商通过展览形成了多少商业机会。

如今,新加坡博览中心(见图 1.2)、新达新加坡国际展览与会议中心(新达城,见图 1.3)及莱佛士城会议中心是新加坡三大会展中心。会展业已成为新加坡旅游业中一个非常重要的组成部分,平均每年有 40 多万国际游客赴新加坡参加 4000 多个国际性会议和展览展销活动,人均消费在 2000 美元以上。

图 1.2　新加坡博览中心

图1.3 新达新加坡国际展览与会议中心(新达城)

新加坡品牌展会:共赴全球盛会

据2012~2013全球品牌展会统计,新加坡至少有6个展会进入全球性品牌展会。

新加坡国际医疗展(MEDICAL FAIR ASIA)创办于1997年,今年已办到第九届,由杜塞尔多夫展览(亚洲)有限公司主办。每两年举办一届,是亚洲最知名的医疗展览会之一,曾吸引62个国家的专业观众参观。

新加坡—亚洲博览会将于2013年11月14日~16日在新加坡举行。该展会吸引530家以亚洲为生产基地的优质供应商参与展览,预计将有6135名买家入场,主要来自新加坡、马来西亚、泰国、印度、澳大利亚及新西兰等地。

2013新加坡亚洲海事展将于2013年4月9日~11日在新加坡新达城展览中心举办。它将吸引亚洲地区的供应制造商及来自世界各地的采购商。

新加坡世界书展原名新加坡华文世界书展,自1998年始更名为"世界书展",每年5~6月举行,历时10天。该展由新加坡报业控股有限公司主办,得到新加坡政府的大力支持,是东南亚地区规模最大的书展。此外,新加坡还有一些著名的展览,如新加坡智能卡和支付展、新加坡亚洲照明展览会、新加坡国际绿色建筑展览会等,在东南亚一带都属于有较高知名度的展会。

资料来源:http://www.cnena.com/news/bencandy-htm-fid-38-id-37063.html

任务一 会展旅游基础知识

活动一：会展旅游概念

一、会展的定义

观点一：作为全球会展发源地的欧洲把会展解释为 C&E（Convetion & Exhibition），或者 M&E（Meeting & Exhibition），就是会议与展览这两大方面的有机组成，这是比较狭义的会展定义与认识。

观点二：国际上通常把会展定义为 MICE（M——Meetings 公司业务会议；I——Incentive Tour 奖励旅游；C——Conventions 协会或社团组织会议；E——Events 节事活动或 Exhibition 展览），即：会议、展览、节事和奖励旅游，这是广义的会展定义。

综合各方观点，本书选用比较公认的会展概念，即会展是在一定地域空间，由多个人聚集在一起形成的集体性的物质和文化交流活动。

二、会展旅游的定义

目前，学术界对于"什么是会展旅游"还存在较大分歧。关于对会展旅游内涵的理解，刘耿大（2007）归纳了学术界的 3 种观点。第一种观点，会展旅游是一种专项旅游产品或新兴旅游方式，会展业是旅游业的一部分。第二种观点，会展旅游是会展业与旅游业互动发展、相互结合的新型产业。第三种观点，会展旅游从属于会展经济，只是为会展经济提供相应的配套旅游服务。

多数学者认为会展旅游等同于国外的 MICE 旅游，但对其外延，尤其是体育盛会、节庆活动等旅游形式是否属于会展旅游存在很大分歧。另外对旅游业为会展提供的多元化经营业务是否属于会展旅游也有不同意见。

许峰认为会展旅游关心的不是开什么会、展览什么东西，而是如何为与会展相关的人员提供服务，从会展本身拓展到住宿、餐饮、娱乐方面，继而争取在游览购物、旅行等方面创造需求。王保伦将旅游业为会展活动提供的多元化经营业务排除在会展旅游之外，认为会展旅游是"为会议和展览活动的举办提供展会场馆之外的且与旅游业相关的服务，并从中获取一定收益的经济活动"。

以下是发表于公开刊物的一些学者的意见概述：

范智军（2012）认为会展旅游主要是指 MICE（Meetings, Incentives, Conventions, Exhibitions），包括各类专业会议、展览会与博览会、奖励旅游、大型文化体育盛事等活动在内的综合性旅游。它以会议和展览为主要吸引物,以参展商、专业观众及与会人员为旅游者,涉及旅游业的食、住、行、游、购、娱。

汪鸿(2011)认为会展旅游,是指以举办展览会、博览会、交易会、招商会、文化体育科技交流会等活动吸引参与者和观众,洽谈贸易,进行技术合作、信息沟通和文化交流及观光旅游,并带动交通、旅游、商贸等相关产业发展的一种旅游活动。会展旅游不是单纯的会展或旅游,也不是商务旅游 + 观光旅游,而是会议、展览和旅游三个元素的有机结合,包括举办各种专业会议、博览交易活动、文化体育盛会、科技交流活动、奖励旅游在内的综合性旅游形式。国际上对会展旅游的理解,是借助举办国际会议、研讨会、论坛等会务活动及各种展览会而开展的旅游形式。会展旅游是会展经济的一个重要组成部分,让旅游企业充分发挥行业的功能优势,为举办会展提供外围服务,游客主体来源是会展代表和参加会展活动的群众,具有较高的消费力。会展旅游实际是一种社会活动方式,也是一种实现人际交流的综合性的旅游活动,它实现了会展和旅游这两个不同产业之间的"联姻"。

会展旅游国际上通称 MICE(Meeting, Incentive, Convention, Exhibition),它一般是借助举办研讨会、国际会议、交易会、各类专业会议、论坛等会务活动,及各种展览会、博览会、文化体育活动、科技交流活动等开展的旅游形式。简单来说,就是以参观为主要目的的旅游活动。会展业作为会展旅游的主体,在会展旅游业中起主导作用,而旅游业则与会展业相辅相成,是会展旅游发展的基础。将会展业与旅游业有机结合在一起,可以让客人在参观会展的同时将眼光投向当地的旅游资源,因为参观会展及旅游可以使客人停留的时间更长,涉及的相关服务类行业更多,成本虽低,却带来极大的经济效应,在欧洲等国家早已成为一项炙手可热的产业。

莫伟认为会展旅游是会展组织者或承办方通过举办大型会议、展览等活动,吸引大量游客前来会展目的地,以此带动交通、旅游、商业、餐饮等多项相关产业发展的一种旅游形式。会展旅游是 20 世纪下半叶出现的新兴专项旅游产品,它顺应了旅游市场的变化,又具有影响大、规模大、消费能力强、综合效益好等传统旅游产品不具备的诸多优势。当前在我国的一些城市和地区,会展旅游发展迅速,年增长速度达到 20% 以上,已经成为旅游业发展的热点,引起了政府和企业界的关注。

李旭、马耀峰(2008)认为会展旅游即 MICE(Meetings, Incentives, Conventions, Exhibitions),是指包括各类专业会议、展览会与博览会、奖励旅游、大型文化体育盛事等活动在内的综合性旅游活动。会展旅游业是一个非常巨大的产业。

综合以上观点,笔者认为,会展旅游就是与会议、展览、节事及奖励旅游等活动紧密结合并且旅游者以其为出行初衷的,涉及食住行游购娱等相关产业的综合性旅游活动。

活动二:会展旅游的历史

会展旅游的历史可以追溯到1841年7月5日,英国人托马斯·库克组织的570人的团队包租火车从莱斯特前往洛赫巴勒参加戒酒大会。这不仅是世界近代旅游业诞生的标志,而且也是国际会展旅游的起点。

1841年7月5日,托马斯·库克包租了一列火车,运送了570人从莱斯特前往洛赫巴勒参加戒酒大会,往返行程22英里,团体收费每人一先令,免费提供带火腿肉的午餐及小吃,还有一个唱赞美诗的乐队跟随,这次活动在近代旅游发展史上占有重要的地位,它是人类第一次利用火车组织的团体旅游,被公认为近代旅游活动的开端。

而从专项旅游活动的角度,将此次事件看作国际会展旅游的起源,也是完全可以成立的。它作为一项旅游活动,戒酒大会是其核心要素,戒酒大会既是主办方用以吸引旅游者等代表参会的主体吸引物,也是托马斯·库克一行异地流动的根本目的。1841年托马斯·库克(见图1.4)一行异地参会事件,标志着国际会展旅游的起源,与世界近代旅游业的诞生同步。

图1.4 托马斯·库克

活动三：会展旅游的主体、客体与介体

一、会展旅游的主体

王春雷（2004）认为："发展会展旅游的关键是主体的转化。"这一观点肯定了会展旅游者是由会展活动主体转变而来的。对于会展旅游主体的界定，应当从主体参与会展活动的动机、过程和形式等方面综合考察，进而找到影响会展活动主体向会展旅游活动主体转化的条件和因素。在不同形式的会展活动中，主体构成的类型繁多，例如展览会中的参展商、采购商、专业观众等，会议活动中的与会者、会议嘉宾与专家等，以及媒体人员、组委会人员等。这些参与者的共同点是，均出于工作职责或经营目的参与会展活动。而这些主体参与会展活动的决策，由其所在的组织作出。因此，会展主体向会展旅游主体的转化，关键不在会展主体个人，而在于其所在的组织。总之，会展旅游的主体，是指出于公务目的、以会展活动为工作对象的人员及其所在组织。上述界定方式排除了出于私人消费目的、将会展活动作为旅游吸引物的普通旅游者，以及在会展活动之余、基于个人经济基础和喜好而形成的旅游者，原因在于上两类主体在旅游决策行为和旅游消费行为中均表现为私人化行为，与传统大众旅游者相类似。

二、会展旅游的客体

狭义的观点认为旅游客体即旅游资源，广义的观点认为一切可供旅游主体游览、消费的对象均可归为旅游客体范畴，本文认同后者。对于会展旅游主体而言，会展活动本身就是一种"特殊的旅游吸引物"，此外，那些能够实现会展旅游主体的动机和目标、可以延伸会展活动功能、利于实现会展旅游主体经营目标的事物、活动和文化等，均可归为会展旅游客体的范畴。与传统大众旅游相比，会展旅游客体的知识性和信息性特征更加显著，例如国家通过行业法律法规确认的工业旅游和农业旅游示范点；会展旅游主体对于客体的要求和关注，更多地集中在其公务性职能而非消费功能。"旅游客体不是一成不变的，它随着社会文化和人们出游观念的变化而发生相应的变化"，而会展旅游的客体，也会随着行业的发展、会展旅游主体的需求而不断改变。

三、会展旅游的介体

会展旅游的介体主要指为会展类活动的旅游者在会展旅游过程中提供各种服务的会展业相关产业和部门，以及旅行社、交通、饭店等旅游产业部门。其中从事组织、宣传和招来参展商、与会人员和展览观众的企业，即PCO（专业会议组织者)、DMC(会议出席者)、展览公司等成为会展旅游过程中的主体媒介,只有在这些企业的经营下,随着会展活动的成功举办,会展旅游才能得以启动和实现。

任务二 会展旅游的现状与发展

活动四:我国会展旅游业发展现状

会展业也是当今世界都市旅游业的重要组成部分。因此,各国旅游部门非常重视会展旅游业的发展。有些国家或地区旅游管理部门还专门成立了会展旅游管理部门,如香港为促进会展旅游业的发展,专门组建了会议局。

90年代以来我国会展旅游业发展迅速,年增长速度高达20%以上,大大高于我国其他领域的增长速度。最近一两年,由于我国传统观光旅游业受到边际递减规律的作用,其增长速度开始放缓,而会展旅游业增长速度却更快,因此,会展旅游业逐步受到旅游业界的重视。北京、上海等地的旅游主管部门开始专门研究会展旅游对旅游业的作用,各大旅游企业也纷纷拓展会展旅游业务,一些地方还组建了会展旅游协会。但是,我国会展旅游总体上还处于初级阶段,市场总量还比较小。目前,对会展旅游的专门研究比较少,还没有建立起规范的会展旅游的统计指标体系,对会展旅游的总体情况难以把握。

我国会展旅游业起步比较晚,但发展非常快,特别是会展旅游业的硬件设施建设大有超前发展的态势。

一、会展业发展迅速,已经成为带动经济发展的新增长点

近年我国会展业发展迅速,据不完全统计,90年代以来,我国会展业每年以20%左右的速度递增,1999年举办的具有相当规模的展览会总数达到1326个,北京国际会议中心近年来每年接待的超过千人的国际会议有10个以上,300人以上的国际会议30多个。会展业已经成为我国经济的新亮点。

二、各地政府积极参与主导会展业的发展

由于会展业本身的高速发展及其对经济的巨大带动作用,各地政府非常重视会展业的发展,形成了政府主导会展业发展的局面。北京市组建了副市长牵头的领导小组对会展业进行全面研究,包括组建课题组,撰写了《北京会展业发展研究报告》,责成北京市统计局会同有关单位制定一套会展业统计指标体系,等等。上海、杭州等地也在政府的主导下,制定了会展业发展的规划。

三、各地开始建立自律性的行业协会

各地会展企业在政府的主导下,开始组建行业自律性的会展协会。1998年6月由北京市贸促会发起,组建了我国第一家国际会议展览业的协会——北京国际会议展览业协会。2002年4月上海成立会展行业协会,2002年2月山东成立国际展览业协会。

四、全国掀起了展览场馆的建设高潮

我国会展业发展的最大特点就是硬件优先发展。"九五"期间我国的展馆迅速增长,全国室内展馆面积,"九五"前不足80万平方米,但截至2001年,正式投入使用的室内展馆面积增长了一倍,场馆面积达到516万平方米。目前在建或已经建成的大型展馆有:上海新国际博览中心,总展览面积为室内20万平方米,室外5万平方米。杭州西湖国际会议中心,总建筑面积49万平方米,会议中心建筑面积12万平方米,设有大小会议厅30余个,配有10路同声传译系统和7000个国际标准展位。北京新中国国际展览中心,集国际会议中心、商务酒店、写字楼、参展商公寓、大型购物中心、仓储中心、办公接待、动力中心等为一体,甚至包括主题公园,是以展场为核心的展览综合体。建筑面积28万平方米,展场面积20万平方米。武汉国际会展中心,总投资9.3亿元,总建筑面积12.7万平方米,其中展厅面积5万平方米,会议厅面积1.5万平方米,会议厅40间。除此之外,还有郑州国际会展中心、南京国际展览中心、甘肃国际展览中心、山西国际展览中心、威海国际展览中心。

总之,这些会展场馆建设的特点是,建设档次高、面积大、科技含量高(见图1.5～1.9)。目前统计的20家场馆,平均每个场馆建筑面积达到127 000多平方米。

图1.5　郑州国际会展中心

图 1.6 南京国际展览中心

图 1.7 甘肃国际展览中心

图 1.8 山西国际展览中心

图 1.9　威海国际展览中心

五、主要会议接待单位纷纷加入国际会议组织

各地经营会展的公司和一些旅游行政管理部门纷纷加入相关的国际会展组织。截至 2002 年 5 月,我国有 14 家单位加入 ICCA 组织,它们是:北京国际会议中心、北京市旅游局、中国国际航空公司、中国民间国际旅游公司、中国会议及奖励旅游组织、浙江中国世贸中心、中国世贸中心、中旅国际会展公司、华亭宾馆、春秋旅行社、山东国际旅行社、上海国际会展中心、锦江会展公司、上海旅游委。此外,中青旅参加了国际航协 IATA、美国旅行代理人协会 ASTA、亚太旅游协会 PATA,国际展览中心参加了国际博览会联盟 UFI、国际展览会管理协会 BIF 等。

六、初步形成了北京、上海等国际会展中心城市

我国的一些大城市在发展国际会展业方面具有一定的优势,目前已经初步形成了以上海、北京、广州等大城市为核心的国际会展中心城市。这些大城市在接待国际会展方面的优势主要表现在以下几方面。

(一) 现有会展场馆多

北京市目前拥有大型展览场馆 12 座(见图 1.10),总面积近 14 万平方米,拥有 500 座以上的会议场馆 25 个以上。此外,北京市共有旅游定点饭店 554 家,星级饭店 506 家,客房数达到 9.3 万间,其中很多饭店的会议场馆都达到了国际标准。同样,上海目前展馆总面积为 14.5 万平方米,与北京相当。此外,上海市拥有饭店 354 家,客房 5.6 万间。由于饭店和会议、展览场馆比较健全,这些大城市开展会展业具有较好的基础。

图1.10　北京国际会展中心

（二）会展外部条件相对成熟

会展旅游业作为都市旅游的重要组成部分,其发展不仅需要良好的硬件设施,而且要求较高水平的城市总体环境和国际交往的综合能力。北京、上海等大城市的交通,如地铁、城市道路状况等比较好,接待国际国内旅游者人数在我国名列前茅。此外,北京已与7个国家的23个城市结为友好城市。147个国家在京有驻华使馆,外国金融机构在京的代表机构近300家,17家外资银行在京设立了分行,众多的跨国公司在京设立了办事处。

（三）举办会议展览总数多

1999年以来,在京举办的国际会议数量可观,有万国邮联大会、世界建筑师大会、联合国保护大气臭氧层签约国第十一次会议、世界数学大会等国际会议,以及汽车展、电子展等国际展览。按照ICCA的统计口径,2000年北京接待了16个大型国际会议,在全世界大城市中排名第十七位,比1999年的第二十九位上升了十二位。根据有关部门的统计,上海2001年举办各种展览278个(上海主要展览场馆见图1.11～1.12),会展直接收入18亿元。

图1.11　上海国际展览中心

图1.12 上海新国际博览中心

七、会展产业体系正在形成

国际会展业在多年的实践中,形成了一整套接待服务体系,目前我国的会展业也正在形成自己的服务体系。如:会展组织者(PCO)、目的地接待者(DMC)正在建立中,很多经营会展的公司,都开始培训自己的PCO。

此外,会展业的教育培训也开始步入正轨。为顺应国际展览业发展的大趋势,缩短中国的国际展览业业务水平与发达国家的距离,北京国际会议展览业协会在2004年8月底举办了培训班,专门为展览业中、高级经理和从业人员开设培训课程,以促进国内展览业务的发展和展览水平的提升,培养高素质的展览专业人才。北京第二外国语学院将与国际特殊事件学会(ISES)、美国乔治·华盛顿大学、HOJONSON WALES 大学联合开办"节庆会展管理"培训,解决会展人才不足的问题。

八、网络参与

现代网络技术在我国会展业起步中就开始介入。目前,仅展览业的网站就有43家。这些网站有的介绍会展,有的已经开始直接经营网上会展业务。这说明我国会展业起步的科技含量较高。

九、会展旅游业引起旅游业界的重视

我国的会展业一直是经贸部门管理和经营的,旅游部门是最近几年才开始介入的,比较早介入的是北京市旅游局,从1995年就开始了会展旅游业的研究。目前北京、上海等大城市在政府主导会展业的发展中将会展业与旅游业密切结合在一起,其中北京市举办了几次大型国际会展业研讨会都有北京市旅游局和首都旅游集团的参与。旅游业界(如《旅游学刊》等)最近也多次召开会展旅游方面的研讨会。

十、我国在国际会展业中的地位比较低

目前我国在国际会展业中的地位还非常低。根据ICCA统计,1999年中国(包括香港)举办的国际会议在全球排名第15位,接待国际会议占全年全球总会议的1.68%,其中香港地区占0.9%,大陆仅占0.78%。这说明,我国展览业在国际展览业中的地位较低,除广交会等有一定的影响外,大部分展览还仅仅是国内的展览和临时性的展览。

活动五:我国会展旅游业面临的主要问题

目前,我国会展旅游业才刚刚起步,其中有很多问题亟待解决。

一、市场化程度不够

在我国会展旅游业的发展中,最重要的问题是市场化程度过低。

(一)没有形成PCO、DMC完整的接待服务体系

国际会展业的成功经验表明,会展组织者(PCO)、目的地接待者(DMC)分工体系是会展旅游业发展的重要内容,但我国目前无论是会展旅游企业还是政府都较关注目的地接待者(DMC),对于会展中最为重要的会展组织者(PCO)缺乏认识。

(二)政府主导会展旅游业发展中,行政干预过多

会展业在发展的初级阶段必须有政府的主导,但是政府在什么层次上主导,参与到什么程度,这些根本问题没有解决。政府干预过多,导致会展业非市场化,主要是在场馆建设等方面参与过多,而在会展管理体系、服务体系建立等方面参与较少。政府组织的一些会展不计成本,使得很多会展公司对这些会展业务敬而远之。

(三)我国的会展市场目前还是单一买家市场

德国等会展大国的会展业之所以能够保持世界领先地位,一个重要原因就是其会展地本身就是国际大都市,开办展览的受众对象是国际化的。但我国的大都市还没有成为国际化的大都市,参观展会的受众几乎是清一色的国内客人,因此,不是针对国内买家的会展一般不会在我国举办。这是限制我国国际会展业发展的重要原因。

(四)会展业还没有独立成为一个产业

由于我国会展业曾经是由一些非市场化的发起单位和部门全部或部分垄断,这些单位和部门还没有意识到中介公司提供服务的效率会更高,因此,会展业在目

前还处于一定的垄断阶段,会展业还不能称为一个独立的产业。

二、外部环境亟待改善

会展旅游业作为都市旅游的重要组成部分,其发展尤其依赖外部条件的完善,但目前我国会展旅游业发展的外部条件还不健全。

(一)法律、法规不健全

日本等国为发展会展旅游业曾设立了《通过促销和举办国际会议等振兴国际旅游法》,但我国旅游行政管理部门还没有从扩大国际旅游业的角度,以法律、法规的形式促进会展旅游业的发展。此外,我国举办会展的法律、法规也十分不健全,目前仅有1995年9月22日对外经济贸易合作部的《关于出国(境)举办招商和办展等经贸活动的管理办法》。

由于法律、法规不健全导致目前我国会展业比较混乱,主要表现在:重复办展、会展内容混乱、受众对象不明确、举办会展的中介公司良莠不齐等。目前,上海与会展业务有关的企业已有1920家,其中主营会展业务的企业511家,具有一定规模的企业近百家。北京地区经外经贸部审批的具有举办国际展览会资格的单位134家,在北京工商部门登记注册的具有经营会展业务资格的公司1700余家。

(二)审批手续复杂

由于法律不健全,我国举办会展的审批过程中人为因素过多,审批手续繁杂,有的会展审批时间长达一年以上。这也是旅游企业不愿意介入会展旅游业的重要原因。

我国对于会展审批持审慎态度主要是基于国家安全等方面的考虑,其实目前国际会展大部分是科学性和商业性的,与政治等方面关系不大。根据ICCA2000年的统计,国际会议从专业上划分,比例从高到低依次是医学类(32%)、科学类(13.6%)、工业类(8%)、技术类(7.4%)、教育类(4.7%)、农业类(4.%),其后才是社会科学、经济教育、商业管理、生态环保等。因此,适当简化、放宽审批手续是不成问题的。

(三)城市环境有待改善

会展旅游业作为都市旅游业的重要组成部分,其发展受制于国际旅游城市的发展。目前我国就连北京等超大型城市距离国际旅游城市的标准还有相当差距,这严重阻碍了会展旅游业的健康发展。

三、重硬件轻软件,重展轻会

目前我国省会城市和大型城市几乎都将会展业作为其经济发展的增长点,并将重点放在场馆等硬件设施的建设上。但会展旅游业的发展,绝不仅仅依赖于场馆的建设,其发展更依赖于软环境的规范化、国际化等。

国际上对会展及奖励旅游业的认识,囊括了 MICE 的四个方面。我们且先不提奖励旅游,会展旅游业至少应是会议和展览并重,但是目前各地在开展会展旅游业研究的过程中非常重视展览而忽视会议。形成这样的局面可能与我们对会议的顾虑有关,其实根据我们上述分析,国际会议大都集中在科学研究方面,大可不必神经过敏。

四、国际化品牌的会展少

世界上会展业发达的国家或地区,举办的大都是世界著名会展,如米兰国际博览会、巴黎博览会等,但在我国除广交会等会展有一定的世界性影响外,绝大多数会展都是临时的、国内的。

五、对会展业缺乏科学研究

当前,我国对会展旅游业的研究还处于初级阶段,对会展旅游业各方面还没有形成统一的认识。最大的问题是没有建立一套科学的统计指标体系,导致统计口径混乱,无从分析会展业的范围、效益等。比如,关于会展业对经济的贡献程度从 1:4 到 1:10 各种说法不一。这严重阻碍了会展旅游业的健康发展。(由于说法不一,本课题组对各种说法非常谨慎,每一种提法、数据和典型事例都详细注明了出处。)

活动六:我国会展旅游业的发展趋势

一、规范法律,与国际接轨

目前,国家已经开始制定有关会展的法律、法规,今后几年有关会展业的法律、法规将相继出台,会展业的市场将进一步规范化。今后举办会展审批手续将会更为简单,并将按照国际惯例逐步过渡到登记制管理办法。这将促使会展业真正成为一个规范的市场。

二、完善协会的自律性

自 1998 年 6 月由北京市贸促会发起,组建了我国第一家国际会展业的中介组织——北京国际会议展览业协会之后,2002 年上海、山东等省市也相继组建了国际会展业协会,制定了国际展览业协会章程,旨在支持公平、平等的竞争,反对不正当竞争及欺诈行为,改善、优化展览业市场环境,更好地协调、管理、规范会展业的市场秩序。

三、会展业将集中于大城市

通过对国际会展业发展的分析,可知会展业在特定城市的发展有"通吃"效应,即,会展业的发展会自身加速,形成更大的规模,而不可能全国遍地开花。今后北京、上海、广州等重点城市将成为我国会展业的中心。

四、形成独立的产业

目前我国从事会展的企业数量众多,但还没有形成专业化的会展组织者(PCO),或者仅仅处于PCO的初级阶段,组织接待会展处于不规范的阶段。目的地接待公司(DMC)也仅仅是开展一些单独的会展场馆出租等单项服务,没有完全发展成为提供一条龙服务的目的地接待公司。今后随着国际会展的增加,会展业培训体系的建立和国际会展人才的引进,专门从事会展的专业化中介公司将大批出现。

此外,我国的很多大型会展还垄断在一些非市场化的组织手中,这些组织自己举办国际会展,自己联系接待服务等一系列工作,还没有完全市场化。今后随着会展中介组织的完善,会展业必将成为一个专门的行业,并从那些部门垄断中独立出来,成为市场经济中的独立产业。

五、会展旅游市场将专业化细分

国际会展业已经形成了非常细致的市场分工,比如 ICCA 的市场范围包括50人以上的国际会议,而 UIA 则在300人以上等。目前我国的会展公司还处于发展初期,只要有会展就接待服务,没有形成细分化的市场。今后随着市场的发展必将形成专业化的分工,形成专门经营展览业、会议业及其中更细分市场的格局。

六、大型旅游企业将大批涌入

现在我国的大型旅游集团如上海锦江、中青旅、春秋旅行社等已经加入了国际会展组织,开发会展旅游市场,但更多的大型旅游集团,如首都旅游集团、陕西旅游集团等还没有完全介入会展旅游市场,或仅仅从事了DMC的接待服务工作。这些大型旅游集团已经普遍看好会展旅游市场,有的正在开始进行市场调研,有的已经开始参与场馆建设,有的正在申请加入国际会展协会等,可以预见,今后几年我国的大型旅游集团将以其规模大、服务全、无形资产高、资金雄厚等优势挺进会展旅游市场。

七、国际会展组织和会展中介公司全方位进入

随着中国加入WTO,国际会展组织和经营会展的大型公司将大批涌进我国,会展旅游业将形成更加激烈的竞争局面。由于目前我国的管理体制还不允许国外公司单独经营会展业务,外国会展公司主要是通过与中方合资的形式进入中国市场。上海的国际会展中心就有德国的汉诺威展览公司、德国杜塞多夫展览公司、德国慕尼黑国际展览有限公司这样世界顶级会展公司加盟。ICCA2002年在上海开办了会展培训班,通过这种形式介入中国会展旅游市场。今后国际会展公司将从会议、展览、组织、接待等方面全方位地进入中国市场。

八、展览场馆将可能全面过剩

国际会展业是社会经济发展推动的结果,绝不是简单建几个会展场馆的问题。此外,从国际会展业向大城市集中的发展趋势看,今后几年除北京、上海等国际大都市的会展场馆效益稳定以及一些具有独特资源的中等城市发展特种会展外,相当一些小城市的大型国际会展中心将面临生存危机。从总体上看(非从结构上看),我国的会展场馆将会全面过剩。

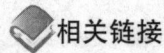
相关链接

"一展两馆"助香港成展览业龙头

香港近日公布的一项研究结果显示,尽管香港目前仍保持"亚洲展览之都"地位,但是面对邻近市场的竞争,香港应透过"一展两馆"的模式,加强业界合作,促进香港两大展览场地的协同效应,争取成为国际展览业的龙头。

该研究是由环球资源早前委托香港中文大学工商管理学院决策科学与企业经济学系主任张惠民与BMTAsiaPacific进行的,以探讨香港贸易性质的商业展览目前市况、面对的挑战及发展前景等。

研究显示,2004年至2011年期间,香港展览业蓬勃发展,总销售面积每年平均增幅达11%,比国际平均增幅水平还高。2006年至2010年期间,环球展览业曾出现每年约0.1%的负增长,但香港展览业持续保持两位数的增长,表现不错。

目前,香港有两个主要展览场地:香港会议展览中心(见图1.13)、亚洲国际博览馆(见图1.14)。张惠民指出,业界对香港会议展览中心需求较大,而亚洲国际博览馆则出现低使用率。在展览旺季,很多香港大型展会就会出现瓶颈问题,难以把展会推向国际化,这是香港展览业现时面对的挑战。

图 1.13 香港会议展览中心

图 1.14 亚洲国际博览馆

张惠民还指出，内地近年不断积极发展展览业，主要是举办大型的内销性展会，其特大展览场馆面积较香港优胜。香港无法与内地在场地规模上较劲，但香港要保持竞争优势，就要运用国际角色，多举办国际性贸易展会。

张惠民说，"一展两馆"是未来香港展览业发展的方向，若有一个展会的规模超过任何一个香港展览场地可容纳的规模，那就要灵活配合使用两大场地，充分发挥场地效益。加强场馆间的协调，进一步完善大屿山的配套设施，如交通、娱乐休闲设施等，若能再把握港珠澳大桥带来的发展机遇，香港的展览业将可进一步蓬勃发展。

据香港展览会议协会提供的资料显示，2010年，会展业为香港带来358亿港元的经济收益，占本地生产总值的2.1%。今年年初，香港特区政府成立的"经济发展委员会"下设"会展及旅游业小组"，专门研究会展旅游业的发展。

资料来源：中国贸易报 2013-03-26

 **复习思考题**

一、名词解释

会展　会展旅游

二、简答题

1. 会展旅游的现状主要表现在哪些方面？

2. 我国会展旅游面临的主要问题有哪些？

三、论述题

1. 搜集欧洲、北美洲、亚太部分国家与地区会展旅游业发展的先进成果与经验。

2. 请以小组为单位，根据我国会展旅游的现状与面临的问题，结合论述1的成果，讨论未来我国会展旅游业发展的趋势。

项目二　会议旅游

学习目标

知识目标
1. 熟悉会议旅游的概念、类型与特点
2. 了解会议旅游的现状与发展趋势
3. 掌握会议旅游的运作条件与流程

技能目标
1. 基本具备会议旅游策划的实操能力
2. 熟悉会议旅游的运作管理业务

导入案例

亚太旅游协会(PATA)成立60周年庆典暨年会

- 会议名称:亚太旅游协会(PATA)成立60周年庆典暨年会
- 参会规模:1000人左右
- 会议时间:2011年4月9日~12日
- 项目简介:

PATA作为全球最具影响力的旅游业国际组织之一,每年都组织一些旅游业的专业展会和研讨会,提供国际平台促进各国业内人士进行交流互动。今年PATA将其成立60周年的庆典年会选择在北京举行,足见北京会奖旅游市场在整个亚太地区举足轻重的地位。亚太旅游协会(PATA)为世界三大国际组织之一,多年来致力于支持和推动世界旅游业的可持续发展。本次活动为亚太旅游协会成立以来最盛大的庆祝活动,也是中国旅游界和北京市向国际业界展示交流的重要平台。系列活动包括开幕式、欢迎晚宴、颁奖午宴、理事会、年会、分会等大小会议和活动30多场,来自66个国家和地区、400多个机构的1000名嘉宾与代表参加(如图2.1邵琪伟在京会见亚太旅游协会主席锡麟等贵宾)。活动以"共筑旅游:过去、现在、未来"为主题,围绕消费结构变化、分销挑战、善行旅游、航线拓展和技术创新等热点议题进行了回顾、总结和展望,引发世界范围内的广泛关注。

图2.1　邵琪伟在京会见亚太旅游协会主席锡麟等贵宾

● 会议地点:北京中国大饭店

中国大饭店位于北京 CBD 中央商务区,隶属于香格里拉饭店集团,接待过几十位国家元首和政府首脑。每年承办的大型会议等国际商务活动数百场,有"第二国宾馆"之称。该酒店拥有北京城内面积最大的会议场地,包括一个可容纳2000人的会议厅,一个拥有800个座位的大宴会厅和特别为各种场合而设的一系列多功能厅。

● 日程安排

4月8日 PATA 世界分会会议

PATA 分会专题研讨会、东城区人民政府招待午餐、"2011 东城文化国际旅游节"开幕式暨北京市东城区人民政府招待酒会

4月9日 PATA 理事会议

代表及媒体注册、设接待台(礼宾、旅行和交通安排)、PATA 基金会"无声"拍卖、媒体发布会、中国国家旅游局"PATA 理事会"欢迎晚宴(如图2.2 邵琪伟在亚太旅游协会成立60周年暨年会理事会招待晚宴上致辞)

图 2.2　邵琪伟在亚太旅游协会成立 60 周年暨年会理事会招待晚宴上致辞

4 月 10 日
PATA 理事会会议、"PATA60 周年庆典暨年会"欢迎晚宴
4 月 11 日
PATA 成立 60 周年庆典开幕式、PATA 成立 60 周年庆典主旨采访环节
4 月 12 日
全体会议：新现实下的旅游业
闭幕环节：展望下一个 60 载，共同构筑旅游新未来
4 月 13 日
免费半日游

会后游

代表返程

● 服务特色

这是一项全球范围内的旅游盛会，组委会在北京首都国际机场 2 号和 3 号航站楼分别设有接机服务接待台，于 4 月 8 日~10 日期间提供自北京首都机场至 6 家官方接待酒店的巴士。当嘉宾抵达会场后，参会人员可前往中国大饭店会议厅续厅(一层)的接待台注册、领取名牌和会议资料。

此次承接大会住宿的酒店还包括柏悦酒店、嘉里中心大酒店、国贸饭店等多家五星级酒店。所有官方接待酒店(包括中国大饭店)均提供有线或无线网络接入服务。

资料来源：http://travel.cntv.cn/special/pata/央视网

任务一 会议旅游概述

任务导入

不同类型的酒店如何针对会议旅游客源市场进行营销?
(酒店类型如:城市中心的商务型饭店;郊区饭店或汽车旅馆;
机场饭店;旅游区度假饭店等)

背景介绍:

会展与酒店已经是两个密切相关的行业,会展活动不仅会引发对举办地酒店、餐饮和娱乐活动的需求,而且对酒店的会议场地和会议服务产生了巨大的需求,需要高规格的服务接待、更具规模的会议场所、先进的会议设施设备以及完善的会议整体策划等一系列专业化的服务,这是一般酒店难以完成的工作,因此市场细分造就了会议型酒店。

如果要建造或定位一家酒店为会议型酒店,经营者必须清晰掌握会议客源的特征和需求。会议客源几乎涵盖了全面的消费行为,包括食、宿、行、游、购、娱,他们对设施设备和服务要求都会比较高。

通常会议客源有以下特征:

1. 各类会议分布于全年各阶段,受时间和季节影响较之旅游团队更小
2. 市场规模较其他市场大,一些大型的或有影响力的会议往往因为新闻媒介的介入而为酒店提供了宣传的机会
3. 平均住宿时间较长
4. 附属设施使用率较高,平均消费能力高于旅游团队
5. 会议用房往往"大进大出",从而影响酒店对其他客人的客房销售

同时会议客源对酒店产品的要求也与其他客源有区别:

1. 各种规模、档次的会议室、会议厅
2. 会议专用设备,如影音系统、投影系统、同声传译系统等
3. 多样的就餐形式和菜肴品种,如自助餐、冷餐会、酒会、大型宴会等
4. 附属设施较为齐全,尤其是商务中心功能及娱乐设施齐全
5. 会议客人抵离店时间较为密集,客流量大,往往要求接待迅速
6. 结账方式要灵活
7. 需要酒店派专人全程跟踪协助、服务

要成为一家会议型酒店首先在设施上要比普通的商务型酒店有所超越,比如:上海浦东香格里拉饭店是一家商务型酒店,他们同时也将会议市场作为他们主要的一个细分市场,因此,他们在所有会议室和多功厅都配备了一流的先进影音设备,包括宽带上网服务,室内同声传译系统,手提电脑,兼具录音功能的麦克风系统,多制式录像机、幻灯机、液晶投影仪、实物投影仪、视像/电话会议、视像/数据投影仪等。

资料来源:http://res.meadin.com/ResManage/2011-9-28/1192826061.shtml 迈点网

活动一:会议旅游的基本概念和功能

会议、培训产业(包括各种研讨会、论坛、展会、高级培训班等)汇聚了巨大的信息流、客流、商品流和旅游观光流,给一个城市的经济和社会的发展带来难以估量的影响和催化作用。会议旅游产业发展迅速,发展规模不断扩大,会议旅游已经成为新兴旅游分支之一。

一、会议的概念

(一) 会议

会议的英文名称有很多种:Meeting、Conference、Congress、Convention、Summit。它们在定义上有一定的差别,但一般是指"人们为了解决某个共同的问题或出于不同的目的聚集在一起进行讨论、交流的活动",它往往伴随着一定规模的人员流动和消费。

现代会议早已超出了单一的政府会议的格局,正朝着多元化方向发展,很多都是直接带有商业目的并能产生巨大经济效益的,如各种高峰论坛、专家培训会议等。会议作为会展业的重要组成部分,大型会议特别是国际性会议在提升城市形象、促进市政建设、创造经济效益等方面具有特殊的作用。

(二) 国际会议

国际会议是最重要、最有影响力的会议。目前国际上认定的国际会议权威组织主要有 ICCA 和 UIA 等,由于每个组织所规定的标准有所不同,会造成认定或统计上的偏差,因此,对这些组织标准的明确划分是研究国际会议发展趋势的前提。

1. ICCA 国际会议标准

ICCA,The International Congress & Convention Association,即国际大会及会议协会,创建于1963年,是全球国际会议最主要的机构组织之一。现有成员数目已经超过了720个,涉及近80个国家或地区。在会议领域内,它是最具有国际影响力的协会。

ICCA规定的国际会议标准有3个:①至少有50个参加者;②定期组织举行会议(不包括一次性会议);③必须在至少3个国家或地区举行。

北京市旅游局、北京国际会议中心、上海国际会议中心都是它的会员单位。目前,在国内见到的有关国际会议的统计数字,大部分来源于ICCA的统计资料。

2. UIA 国际会议标准

UIA,Union of International Associations,即国际社团组织联盟,创建于1907年,是全球国际社团组织最主要的机构组织。北京国际会议中心曾经是该组织的会员单位,现在北京国际会议中心退出了该联盟。现在国内很少使用UIA的统计数据,所以这个组织在国内没有太大的影响,但在国际上,它还是一个很重要的国际会议组织。

UIA规定的国际会议标准有4个:①至少有300个参加者;②国外参加者至少占总量的40%;③参加会议的国家或地区至少有5个;④最短会期为3天。

3. 中国尚无国际会议的权威统计标准

据国家有关文件的规定,来自3个或3个以上国家或地区(不含港、澳、台地区)的代表参加,以交流为主要目的而举办的研讨会、报告会、交流会、论坛及国际组织的行政会议,可称之为国际会议。

二、会议旅游的概念

(一) 会议旅游概念

会议旅游是会展旅游的一种,广义上也属于商务旅游范畴,一般指会议接待者利用召开会议的机会,组织各国与会者参加的或由与会者自行开展的旅游活动,其所涉及的旅游往往带有与工作相关的目的。会议旅游是随着经济的发展、交流的频繁而产生、壮大的,它的消费档次、费用远远高于普通观光旅游。

会议旅游最早始于欧美地区经济发达的国家。到20世纪70年代中期为止,欧美地区经济发达国家举办各种国际会议一直占全世界国际会议总数的85%以上。随着社会的发展,现在一个国家或城市召开国际会议的数量已成为该国或城市发展水平的标志之一。

按大洲排名,欧洲最多,占60%以上,亚洲占10%~20%,其次是北美洲、澳洲,最少的是非洲;按照国别分,美国最多,占8%以上,其次是英国、德国、澳大利亚、西班牙、法国、新西兰、意大利、日本和加拿大,中国排名世界第26位。

(二) 会议旅游逐渐发展成熟

目前,会议旅游已逐步迈向成熟阶段,主要表现在以下四个方面:

1. 国际会议旅游蓬勃发展

据国际大会和会议协会(ICCA)的统计,全世界举办的参加国超过4个,与会外宾人数超过50人的各种会议有40万个以上,市场价值超过2800亿美元。目前,会议旅游迅猛发展的主要原因是:经济的迅猛增长直接导致各类专业人员及专业协会的大量增加,以致会议数量上升较快。

2. 国际会议旅游进入商业化阶段,会议中心日益分散

过去会议多在欧美地区举行,现在除欧美以外的其他地区经济崛起迅速,也强烈要求举办会议,因而,极大地促进了会议旅游的发展。为促进国民经济和旅游事业发展,全世界许多国家都十分重视会议旅游。一些会议旅游地区积极宣传自己的设施,成立专门机构,进行国际会议旅游的联络、宣传和招揽工作,到会议策划者中寻找生意,提供公开或不公开的优惠等。

3. 会议向全球化的方向迅速发展

全球有70%以上的会议与全球问题有关,参加者来自各国,且人数众多,影响重大。国际会议数量的蓬勃发展与其质量和成效的与日俱增,使会议旅游这一朝阳产业呈几何级发展壮大,会议的全球化趋势势必带来会议旅游更大规模的发展提升。

4. 中国会议旅游市场潜力巨大

随着中国加入WTO,经济全球化的浪潮也深深影响到了中国,会议旅游自然也不例外。据国家旅游局的统计,我国年商务旅游消费超过24亿美元,并以每年20%的速度增长。中外业界人士称中国将成为全球商务旅游消费的重要市场之一。

三、会议旅游的功能

☞ 导入案例

宁波打造长三角商务会议旅游目的地

2011年8月1日,北京诺华制药有限公司完成了为期5天的宁波会奖旅游活动,在宁波香格里拉大酒店(见图2.3)、东港喜来登酒店(见图2.4)、万豪酒店(见图2.5)、凯洲皇冠假日酒店(见图2.6)结完了账目,5天时间带给宁波300万元消费大单。

图2.3 宁波香格里拉大酒店

图2.4 宁波东港喜来登酒店

图2.5 宁波万豪酒店

图 2.6 宁波凯洲皇冠假日酒店

旅游淡季千人会奖大团空降宁波

会奖旅游,即大型公司每年都会为业务骨干或者杰出员工安排业务交流大会,也就是公司的年会。年会活动,公司都会委托世界一流企划机构策划,而会后,公司更会斥巨资安排业务骨干参加豪华旅游。年会召开的地点,公司也是精挑细选,入围的多数是一些著名的旅游目的地。

而此次来甬进行为期 5 天的宁波会奖旅游的北京诺华制药有限公司,则带来了上千人的团队。记者了解到,该公司在宁波的 5 天中开了一场运动会,其余时间多以酒店会议行程为主,除了酒店就餐之外,宁波景区、海鲜特色餐饮也是员工们青睐的消费场所。

负责诺华制药这次会议安排的北京众信国际旅行社商务会奖中心运营总监曹捷说,这两年宁波的高星级饭店建设总体发展非常快,引起了业内多家以会奖为主业的旅行社的关注。安排这次行程前,他特意上网查阅了多方资料,了解到宁波城市中心三江口建成了三江汇商务会议基地,有多家国际高星级品牌酒店可供选择,比如宁波凯洲皇冠假日酒店(其会议室见图 2.7)。特别是宁波香格里拉酒店的千人会议厅(见图 2.8、图 2.9),可以满足诺华制药的会议需要,是企业选择此酒店的重要因素之一。

图2.7 宁波凯洲皇冠假日酒店会议室

图2.8 宁波香格里拉酒店的普通会议室

图2.9 宁波香格里拉酒店的千人会议厅

"他们要在宁波留宿4晚,能全面带动游客在宁波的吃住行游购娱旅游六要素消费。"宁波市旅游局市场处处长邵道良说,"据我所知,这个会议在宁波的消费总量约300万元,平均每个会务游客每天在宁波的消费达到了600元,是普通观光客的3倍。"

世界500强企业频频相中宁波

事实上,身为世界500强的诺华制药并不是第一个选择宁波做会奖旅游的公司,从2010年开始,同是世界500强的西门子、壳牌、一汽大众、约翰迪尔等国际品牌公司就频频光顾宁波。而在此之前500强公司大型会奖团队多是放在杭州、苏州、厦门等城市。

来自宁波市旅游局的统计数据,今年1~6月份江东区三江汇商务会议基地共引进并举办各类大型会议(规模300人以上及全国性以上)50个,其中仅香格里拉大酒店承办的千人以上规模大会就有4场。受大型会议拉动,上半年三江汇商务会议基地内酒店营业收入近3亿元,其中仅喜来登大酒店一家就达1.1亿元。

为何500强企业频频相中宁波?北京诺华制药有限公司上海分公司采购经理徐锓华说,千人团在宁波五星级客房平均消费约600~700元,如此高性价比的价格在上海起码要组成4000人团队才有的谈。"因为城市便捷宁静,高星级酒店会务消费水平中等,休闲游览资源丰富,所以经过多方考量这次选中了宁波。"

值得注意的是,宁波的星级饭店报价总体处在中低位运行水平。通过香格里拉酒店集团的官方网站查询发现,宁波香格里拉大酒店当天的最优惠房价为每房晚918元(需加收15%服务费),而上海浦东香格里拉大酒店为每房晚2000元(需加收15%服务费),青岛香格里拉大酒店为每房晚1150元(需加收15%服务费),西安香格里拉大酒店为每房晚1180元(需加收15%服务费),成都香格里拉大酒店为每房晚998元(需加收15%的服务费)。

上半年宁波旅游经济运行分析显示,宁波市旅游星级饭店的平均房价仅308.45元,同比增长3.44%,其中五星级饭店平均房价573.84元,四星级仅385.86元。同样是平均房价,上半年上海五星级是1069.46元,四星级533.87元,与宁波的对比可见一斑。

打造长三角商务会议旅游目的地

旅游业内普遍认同这么一个观点,普通观光游客的人均消费对经济的拉动作用为1:5,会奖旅游客人的人均消费对经济的拉动效应则为1:8至1:10之间。

"尽管当前会务会奖团队成为旅游业掘金的重点,但是以目前宁波市场的饱和度来看,开发潜力巨大。"邵道良近期对宁波高星级酒店做过一项初步调研,结果显示,市内会议接待占到酒店会务总量的80%,开发市外会务市场空间很大。

他告诉记者,目前,宁波市旅游部门正酝酿把"酒店旅游"打造成为宁波又一张精美名片,建立新的城市营销渠道。下一步市旅游局将通过强化会议产品的推介、"会议大使"的聘请等措施,把宁波打造成长三角商务会议旅游目的地。

资料来源:http://news.timedg.com/2011-08/02/content_5547970.htm

(一)带动相关产业发展

会议旅游,尤其是国际性的会议旅游能够带动相关产业的发展,促进就业和消费。国外相关统计指出,会议游客的消费是一般观光客的2~3倍。如中国香港地区每年的会展人均消费额为度假消费的3倍;去新加坡的游客一般只逗留3.7天、消费710新元,而会议客人则逗留7.7天,消费达1700新元。

世界会展业巨头德国慕尼黑展览公司总裁门图特如此评说国际会议的重要性;"如果在一个城市开一次国际会议,就好比有一架飞机在城市上空撒钱。"举行国际会议还可增加就业机会,据统计,全球举行国际会议最多的欧洲,每增加20位出席会议代表就可创造一个全职的就业机会。

(二)提高旅游目的地的知名度

会议旅游产生的非经济效益往往高于经济效益,且难以用金钱衡量。会议,特别是国际会议是最大、最有特色、最有意义的城市广告,它能够向与会人员展示城市风采,提升城市形象,提高城市在国内外的知名度和美誉度。法国首都巴黎,由于平均每年承办400多个国际大型会议,因此享有"国际会议之都"的美誉。

(三)多进行信息交流

会议及会议旅游能够提供最新信息,促进学术、科技、文化以及产业的交流。会议演讲者在会中所发表的往往是该行业最先进的知识,这给人们提供了获取信息、知识和财富的良好途径,为促进信息交流、提升当地知识水平打下了基础。

活动二:会议旅游的类型与特点

一、会议旅游的类型

会议旅游的类型往往取决于相关会议的类型,因此,我们从会议的角度入手,来了解分类情况。

(一)按会议的规模、形式分类

1. 大会会议旅游

在会议的各种英文表达中最常用的是convention,即"大会"的意思。这是一种就特殊事件采取行动的代表会议,这些事件可以是政治的、贸易的或科学技术的。

大会通常由一般性的大会和补充性的小型会议组成：一般性大会，通常需要一个可供全体成员出席的大礼堂或多功能厅；特殊的问题则可由小组在一些分隔开的小厅或小会议室讨论。

绝大多数这种大会有重复性的周期，最通常的是1年1次。较为常见的开会目的有报告市场情况，介绍新产品和描述公司发展战略等。与此类大会相关的旅游我们称之为大会会议旅游。

2. 会议、讨论会、协商会会议旅游

会议、讨论会、协商会用英语表达即conference。这种会议近似于大会，通常处理特殊性的问题或者一些发展方面的问题，涉及较多的讨论和参与性活动。英文convention这个词，在贸易界是用来指一般性质的经常性的会议，而conference这个词则更经常用在科学技术领域内，它们的区别主要是在语义上，而不是在实施中。会议的出席人数可多可少，存在较大的差别，与此相关的旅游我们称之为会议、讨论会、协商会会议旅游。

3. 论坛会议旅游

这种一般被专题讲演者或专门小组成员主持并以有许多反复深入的讨论为特征的会议，通常被称为"论坛"。它可以有许多听众参与，并由专门小组成员和听众就问题的各方面发表意见和看法，两个或多个讲演者可能持相反的立场对听众发表讲演，而不是互相讲给对方听。主持人主持论坛并总结双方观点，允许听众提问。由论坛而带动的旅游我们称之为论坛会议旅游。

4. 讲座会议旅游

讲座一般比较正式，比较有组织，经常由一名专家进行个别讲演。讲座之后可以有、也可以没有来自观众的提问。讲座的规模大小不一，由此带动的相关旅游称之为讲座会议旅游。

5. 研讨会会议旅游

研讨会通常有许多活动，出席者有许多平等交换意见的机会，知识和经验被大家分享。研讨会通常是在主持人的主持下进行的。这种会议形式一般在相对小的范围内进行，与此相关的旅游我们称之为研讨会会议旅游。

6. 实习班、实验班会议旅游

实习班、实验班仅指处理专门问题或分配的特殊任务的一般性的小组会议。不管workshop这个词是否被采用，但Work Shop这种形式是经常被培训部负责人用来进行技术培训的。参加者实际上是互相学习，同时分享新的知识、技能和对问题的看法。很明显，它是以面对面商讨和参与性强为特征的一种会议，与此相关的旅游我们称之为实习班、实验班会议旅游。

（二）按会议举办机构分类

会议及其旅游因举办机构不同，其目的、活动、参加人员各异，主要可分为以下几种。

1. 协会会议旅游

协会是由具有共同兴趣和利益的专业人员或机构组成,通过它来交流、协商、研讨或解决本行业的最新发展、市场策略以及存在的问题。各种国际协会仅一年一度出版的《国际协会手册》就列出约 25 000 家,如国际会议协会(ICCA)、国际展览管理者协会(IAEM)和国际饭店协会(IHA)等。我国亦有中国外商投资企业协会、上海市个体劳动者协会、上海市职工技术协会等,每年都要举行许多会议,由此类会议引发的相关旅游即协会会议旅游。

2. 公司会议旅游

为了企业的自身发展,应付日趋激烈的竞争,计划和协调企业的发展目标、策略及各项指标等,全球各类公司每年都要举行成千上万次会议,与此相关的旅游就是公司会议旅游。公司会议业务急速增长,出席会议的范围亦十分广泛,经常召开的公司会议有下列类型:(1)国际、全国和地区性销售会议。国际、全国和地区性销售会议是最主要的公司会议,并且是最大的公司会议市场之一。这些会议随着一直出现的新产品和销售的新进展而在全世界和全国各地不断地召开。全国性销售会议平均出席人员为 150 人,时间约为 3~4 天;区域销售会议的规模相对较小,平均 50 人,时间为 2~3 天。召开这些销售会议的主要目的有:鼓舞激励士气、介绍新产品及新政策、听取意见和征求建议等。(2)新产品介绍会和零售会议。企业的销售总监和销售人员经常召开全国性和区域性会议,与零售商、批发商会面。在这些会议中,新产品销售介绍和广告促销活动主张是非常重要的。为将信息一直传送到市场的每一个角落,这类会议一般会在全国各地多次召开。(3)专业技术会议。进入知识经济时代,科技人员知识更新的需求逐年增强。专业技术会议是防止知识老化、人才淘汰的一种良方妙药。公司的专业技术会议经常请顾问、专家、学者甚至零售商参加,通常以专题研讨会的形式召开。(4)管理会议。管理会议指各级管理人员参加的定期或不定期的会议,旨在研究处理公司各项行政管理事务。通常这些管理会议都是小型会议,但对住宿和服务的要求很高,时间持续在 2 天左右,没有特定的选址规律。(5)培训会议。各级人员的培训是公司的一项重要活动。许多培训活动就安排在公司所在地进行,但也有约一半的培训会安排在公司外面,而且定期进行。这种培训参加人员不多,绝大多数都在 30 人左右,一般历时 3 天左右,小饭店就能接待安排。(6)股东会议。公司经常有必要为非公司雇员召开会议,其中经常召开的便是股东年会。大多数情况下,股东年会是由许多人参加的、相当活跃的一整天活动,中午要安排午餐,下午要安排茶点供应和休息。(7)奖励会议。每年都会有很多人超额完成企业为他们制定的业务指标,他们中的许多人会得到作为公司奖励而被安排的一次旅行。80% 的奖励旅行都会包括一次表彰激励员工或经销商的会议。这种会议就是"奖励会议"。

3. 国际组织和政府会议旅游

由国际组织和政府会议衍生出来的旅游我们称之为国际组织和政府会议旅游。出于政治、经济、文化等原因,联合国、各国际组织,如世界贸易组织(WTO)、世界卫生组织(WHO)、世界旅游组织(UNWTO),每年都要组织、举办各种类型、规模和档次的国际性大会、论坛、研讨会等。一般来讲,此类会议都会受到主办国和地区的重视,影响比较大,多是新闻媒体追踪报道的焦点;而各国政府的会议业务则是经常易被忽视的细分市场,与其他会议细分市场相比,政府会议市场盈利微薄。但是这一细分市场却是会议业务的主要来源,特别是政府机构与企业、商务团体的交流,更是经常通过召开各种规模、形式的会议进行的。我们很难对来自政府机构的此类会议业务进行概括,因为这类业务变化差异很大,从中央政府部门到地方政府部门,会议的规模、范围、档次、内容都有差别。如果出席会议的成员是政府的雇员,那么了解雇员每天出差补助有多少,对于开拓这一会议旅游市场是有帮助的。另外,了解政府部门有关举办会议的廉政规定,对于做好这一市场的营销工作也是有益的。

以上三种按会议举办机构分类的会议旅游中,协会会议旅游和公司会议旅游是市场的主力军,也是各会议旅游目的地重点吸引和争夺的目标。该市场最有利可图,随着世界经济的发展,将继续有较大的扩展。

小思考

会议及会议旅游还有哪些分类标准?

国际会议协会(ICCA)定义国际会议的分类标准有以下三个:(1)与会人数的多少;(2)与会者的身份和职业;(3)会议目的。

若以主办单位来区分,国际会议可分为企业会议及非企业会议,企业会议包括大型跨国企业集团召开的全球年会,或者同业间的全球会议;非企业会议则包括国际政府组织的会议以及国际非政府组织的会议。

美国会议专业管理协会(PCMA)将会议市场区分为 S、M、E、R、F 五类,即社交性质(Social)、军事性质(Military)、教育性质(Educational)、宗教性质(Religious)以及联谊性质(Fraternal)。

而会议旅游还可作如下划分:

按照会议活动的特征划分:商务型会议旅游、度假型会议旅游、文化交流型会议旅游、专业学术型会议旅游、政治型会议旅游、培训型会议旅游等。

按照会议代表划分:会员会议旅游、内部成员会议旅游、业务关系人员会议旅

游、公众会议旅游。

按照会议代表范围划分：国内会议旅游、国际会议旅游。

按照举办时间的特点划分：固定性会议旅游、非固定性会议旅游。

此外，还可以按照会议旅游的主题划分，如医药类会议旅游、农业类会议旅游、工业类会议旅游、技术类会议旅游、教育类会议旅游等。

二、会议旅游的特点

☞ 导入案例

九华山庄转型为真正的会议酒店

材料一：

1999年，九华山庄决定转型，全力进军会议市场，成为一个真正的会议酒店。

很多度假村、度假酒店，虽然已经把会议作为自己的主营业务，但还是叫度假村，并且在骨子里认同自己是度假村。九华山庄很坚决地认为自己是一个专业的会议酒店。

因为概念上的不同，结果也会完全不同。一般度假村搞会议，总把它作为一个补充，无论是场馆设施，还是市场开发，都难以做到尽兴、极致，所以，容易给人业余的感觉。反观九华山庄，则是专心致志、全力以赴，一切规划、建设、经营、宣传、销售，都围绕会议这一主营业务开展，度假市场反而成为替补。

打造专业会议品牌，首先是从硬件建设入手。仅用几年时间，九华山庄就达到了可以参与国际化竞争的规模和标准，成为北京地区会议面积大、场馆多、设施好、功能全的专业化会议酒店。

从软件建设来看，九华山庄的会议销售、会议服务在国内会议酒店中独树一帜，并逐步向国际专业水平靠拢。2001年以前，九华山庄的会议业务还隶属餐饮宴会部，只有10名工作人员，以后逐步加强，直到形成目前的200多人的专职会议经理人团队。按照专业化的要求和经营的特点，九华山庄理顺了营销组织结构，规范了会议接待流程，成立了销售部—大客户部—会展部的联动运行机制。会议经理人从市场开发、洽谈意向、签署合约，到前期筹备、会中协调、善后处理等各个环节全程参与，从而确保了会议接待在专业、高效的状态下运行。

凭借不断创新的市场开发和宣传促销手段以及规模化的运营成本优势和综合化的配套资源优势，九华山庄一直保持着在会议市场的领先位置。从2004年到2006年，仅会议场馆和设施出租的直接收入年均增长率就超过了50%，会议接待人数每年也以30%以上的速度增长。其中，全国性和国际性大型和超大型会议已逐渐成为九华山庄会议接待的主流。

资料来源：http://www.ctnews.com.cn/lybgb/2008-04/14/content_492383.htm

材料二：

位于北京市的九华山庄，现占地面积2000多亩，是北京最大的会议接待中心，其展馆面积在北京名列第二。拥有2300多间风格各异的客房、近5000个床位，包括普通标间、豪华标间、四人间、豪华单人套房和行政套房，另有三百套花园别墅套房，户户通温泉，以及六套古朴典雅的四合院；十多个不同风味的餐厅，6000多个餐位。

九华山庄拥有完善的会议展览设施，100多个不同规格的会议室（见图2.10），可以满足从数十人的聚会到数千人的大会的需求。九华山庄拥有丰富多彩的温泉、保健、娱乐、运动项目，如露天温泉主题公园、大型室内嘉年华、32道保龄球馆等。

图2.10 九华山庄各种不同规格的会议室

九华山庄最初本是一座京郊度假酒店，但是随着休闲产业的迅猛发展和市场竞争的不断加剧，单一功能度假酒店的先天性缺陷也日益显现，只凭度假客人并不能很好地维持一个度假村经营，尤其在中国这样一个非经济发达国家。因而，必须大力引进会议和旅游团队进行补充，吸引在中国更为广阔的市场。九华山庄发现了会议这个业务点，并最终将其确定为今后九华山庄的经营方向——打造北京第一的"会都"。2006年,九华山庄接待游客360万人次,旅游收入突破5亿元,形成连续七年平均递增37%的积极态势,一跃而成京城排名三甲的大型酒店之一。据悉,这是国内接待游客最多、营业收入最多的旅游度假村。九华山庄预计在2010年,营业额将达到32亿左右。

资料来源:http://www.ctnews.com.cn/lybgb/2008-04/14/content_492383.htm

(一)发展持续性

1841年7月5日,托马斯·库克利用包租火车的方式,组织了570人从英国中部的莱斯特前往洛赫巴勒参加禁酒大会,这次会议旅游活动揭开了近代旅游的序幕。从此,会议旅游迅速发展起来,开始显现其发展持续性的特点。

第二次世界大战后,人类旅游活动跨入持续增长的现代时期,而此时的会议旅游在发展持续性这一特点上表现得尤为突出。随着第二次世界大战后世界各国生产力水平的发展,各国之间的社会、经济、文化、科学技术等方面的联系不断加强。同时,单一国家内部各地区之间的相对稳定,使得各种国家间政府及非政府组织的作用日益增强。这些组织都积极通过举办会议旅游活动的形式来加强各国成员之间的往来和交流,并不断推进会议旅游制度化和产业化。此外,第二次世界大战后各国的教育事业有了质的飞跃,信息技术突飞猛进,通信手段日新月异,人类社会进入了知识化、信息化的时代。一方面信息交流、知识更新成为人们必不可少的生活内容,另一方面人们对异国他乡事物的好奇心与求知欲不断增长,这就必然使会议活动与旅游活动更加紧密地结合在一起。总之,人类社会的进步为会议旅游的持续发展带了空前的契机,一直并且必将继续推动会议旅游的不断持续发展。目前,每年全世界举办的参加国超过4个、参会外宾超过50人的各种国际会议有40万个以上;会议旅游消费约1000亿美元,并以每年8%~10%的速度增长。

特别值得指出的是,尽管会议旅游活动的发展同样会受到政治、经济、社会、自然等诸多因素的影响而出现短暂的波动现象,但由于会议旅游大多属于公务性质,且具有很强的计划性而不会轻易变更,因此其在发展过程中的波动性明显小于休闲旅游活动和观光旅游活动。甚至在2008年的金融危机时期,会议旅游活动(会议数量)和会议旅游人数(与会者数量)都继续有所增加。

(二)效益显著性

首先,会议旅游的效益显著性不仅体现在其庞大的产值,更主要体现在它是一个高盈利的市场。会议旅游是典型的低投入、高产出、高利润的行业,利润率大都在25%以上。它的投入产出比使各个国家和地区都非常重视发展此产业。

其次,会议旅游的团队规模大也是给旅游地带来显著经济效益的重要原因。其一,与会代表人数多。其二,与会代表"连带"游客多。其三,会议附属活动参与者多。

最后,会议旅游具有效益显著性的原因还在于产业关联度高,旅游乘数效应大。

(三) 地域差异性

会议旅游活动有一个非常明显的特点,即在地理区域分布上极不均衡,会议旅游发展的地区差异很大。从国际会议旅游活动的区域分布情况看,欧美发达国家始终处于发展前列。就洲别而言,根据 ICCA(国际大会及会议协会,简称 ICCA)统计,以举办的国际会议数量计算,2006 年欧洲仍然占据全球会议旅游市场的首位,市场占有率为 60%;北美洲所占比例接近 23%。则欧美地区就占据了会议旅游市场的 83%,具有绝对优势。亚洲 10% 的比例数值和第一梯队市场之间的差距很大,一方面说明亚洲会议旅游业发展的不足,另一方面也意味着上升空间的巨大。

就国别而言,根据国际协会联合会(Union of International Associations)统计,进入 20 世纪 90 年代以来,美国一直是世界上最大的国际会议举办国,无论会议旅游举办数量还是收入均为世界第一位。

(四) 时间均衡性

尽管不同类别的会议旅游在出游时间选择上有各自的特点,但总体而言,会议旅游与消遣性旅游活动相比,在时间分布上具有明显的均衡性。

公司类会议旅游的时间均衡性形成原因在于大部分公司是根据实际需要安排的,不必精心选择时间以扩大参会人数。协会类会议旅游在时间选择上考虑因素较多。为了吸引更多与会者,会议主办者较关心会议举办地的旅游资源、气候条件等因素,所以一般选择当地一年中最佳季节举办会议。因此,协会类会议旅游表现出一定的时间分布差异性,多数分布在 5 月、6 月、9 月、10 月。不过,由于会议旅游的举办地大多在城市,而城市旅游活动对季节性因素依赖较小,因而这些时间分布差异性并不明显。

另外,会议旅游更可能在会议举办地的旅游淡季举行,原因主要有以下三个:第一,会议旅游属于以工作为主要目的的旅游活动,会议旅游者一般会避开假期,选择工作日出游。第二,会议旅游团队规模大,必须避开消遣性旅游者的出游高峰期。第三,协会类和其他组织会议旅游的主办者对价格很敏感,更喜欢在旅游淡季举办会议,以获得优惠的旅游产品价格。总之,会议旅游不仅在总体上呈现出时间均衡性的特点,而且偏向于在淡季举行,这就能有效地调节会议举办地淡旺季客源的不平衡,大大提高了当地全年的旅游设施使用率和旅游企业利润率。

(五) 影响广泛性

会议旅游对于旅游举办地的影响非常广泛,涉及经济、政治、社会、文化、环境等各个领域。经济方面,会议旅游不仅能为举办地带来良好的经济效益,而且能够产生巨大的产业联动作用,有利于招商引资,促进当地产业结构的优化升级,加速当地的经济建设与发展。在政治方面,发展会议旅游可以扩大会议举办国或地区的政治影响力。持续不断的广告媒体宣传可以在客源地形成良好的口碑效应,提高会议旅游举办地在国内外客源市场的知名度与美誉度,塑造、提升和推广会议旅游举办地的整体旅游形象,以此形成对各类旅游客源市场的强大吸引力。社会方面,发展会议旅游也将促进会议举办地的各类基础设施建设,提高居民的综合素质,以及改善社会的环境卫生状况。

三、公司会议旅游与协会会议旅游的特点比较

(一)公司会议/会议旅游的特点

1. 时间周期

公司会议及会议旅游不像协会会议/会议旅游那样需要在某一时间举行,以保证出席率。它基本上是按照需求而不是按固定的时间周期来举行的。公司全年都有可能举行会议及会议旅游,一般此类活动多在每周工作日时间举行。大多数公司会议及会议旅游控制在1~2天,培训或奖励会议旅游的时间可长达3~5天。

2. 前期准备时间

公司会议及会议旅游的策划时间相对较短,很少长于1年。如果是奖励旅游的话,应提前8~12个月就要考虑所去的目的地。但是,公司会议/会议旅游与协会会议/会议旅游的前期策划时间相比,还是短得多。销售年会在召开前通常要策划8~12个月。

在开会这一问题上,公司的决策程序较简单,通常由某一或某几个中层管理人员提出建议,经过对饭店的调查和筛选,再把定下的开会场所——选好的饭店上报给某一高层管理人员或总经理,由他们做出最后决定。在有些公司中,也有一个人从选址到最后拍板全包这种情况,这样可以缩短会议前期的准备时间。其他大型公司会议/会议旅游准备时间大概要3~6个月。

3. 地理位置

对于公司会议及会议旅游来讲,没有笼统的地理模式,很少有什么限制。它不像协会,需要通过变更地理位置来吸引会议及会议旅游出席人员。公司会议及会议旅游选址主要是考虑会址是否适合公司的业务和需要。时间、交通费用和便捷程度都是影响会议选址的因素。这在一定程度上给各地会议旅游营销人员提供了机遇。通过联合各地旅游局、会展公司、目的地管理公司、航空公司和饭店营销人员,积极介绍你的城市、会展中心、饭店及其他设施,公司会议及会议旅游就很有可能向你抛出橄榄枝。

公司会议及会议旅游选址时一般比较倾向的地理位置有:

(1)市中心。在选择位于市中心的酒店时需要考虑酒店与机场的距离(包括

交通是否拥挤)。如果与会者来自国内或本地区,那么选择位于理想的城市且设施和功能齐全的市中心酒店是比较明智的,这样,与会者的随行家属便有很多活动可做。目前一些被公认为服务一流、口碑良好的酒店经常成为会议及会议旅游策划者的首选场所。

(2)海边。海域海水纯净,陆岸植被丰富,环境幽雅宁静,空气格外清新,这样的场地也是会议及会议旅游的极佳场所。在开会的同时,与会者可以享受海水浴、海上运动、高尔夫、排球、足球等沙滩运动以及大型音乐喷泉观赏活动,极具娱乐性。中国国家级度假区北海银滩内的星级酒店正是因为这个优势受到会议及会议旅游的欢迎。

4.选择的酒店类型

因为公司召开的会议多种多样,所以选择的酒店类型也有所不同。酒店按类型划分主要有:

(1)商务型酒店。这类酒店无论在外部设计,还是在内部装修,以及可提供的通信工具、适合会务的商用场地上(有特定的商务楼层),一般都充分体现了现代商务高效、快捷的内涵。酒店既能接待小型会议,也能接待大型会议,有一个或多个多功能厅,24小时全天候办公条件,有较强的服务能力,此外还会有多个中西式餐厅、各种商店、健身房、游泳池等设施。

(2)度假型酒店。这类酒店一般建在旅游胜地或海边,外部设计、园林规划、内部装修都充分体现了当地特色,集休闲、娱乐于一体。同时随着社会的发展,度假型酒店也能提供相应的会议设施、美食以及各种代表地方和季节特色的活动,这些都无疑大大方便了会议单位。

一般来说,开会的目的是影响公司选择酒店的关键因素。公司会议及会议旅游选择的酒店类型,首先是市区酒店,然后是度假酒店和郊区酒店。

(二)协会会议/会议旅游的特点

1.时间周期

协会会议及会议旅游为保证出席率,一般会在某一较为固定的时间举行,通常安排在工作日,因为人们不愿在周末休息时间开会。考虑到让会议出席者在会议之后进行一些休闲游览娱乐活动,大多数协会会议安排在下半周,这样不管是协会组织活动还是会议出席者自由出行,时间上都便于安排。对于全国性协会会议及会议旅游活动来讲,平均历时为3~5天,小型活动也许只要2~3天,绝大多数带有展示的会议活动不少于3天,因为许多展览公司在会议活动前还要举行销售会议,这类会议活动往往会使酒店获得相当多的额外业务。

2.前期准备时间

协会会议及会议旅游都是事先计划好的。总的来讲,会议规模越大,前期准备时间就越长,平均提前准备时间为:年会为1~4年;大型会议活动为35个月;其他类型的协会会议活动为8个月到1年,因为策划者清楚地意识到,不是每个酒店都适合他们举行会议活动的。他们需要时间在决策前去进行现场考察,向该酒店以前的客户询问曾在此召开会议活动的情况,并考察其他可供挑选的酒店。

3. 地理位置

协会会议及会议旅游显示了明显的地理模式。绝大多数国际协会会在各大洲之间轮换进行选择,国内协会则在东西部之间,或者在南北部之间交替地进行选择。在具体确认地理位置时,既要让与会者感到交通方便,又要考虑协会负责人的感觉;既要考虑到气候、环境,又要综合考虑当地城市形象和旅游景点。

一般地,协会会议活动选址以区域总体选择为主,而不是针对某一特定的城市,许多选择还取决于协会会员对地理区域的特殊兴趣。对于协会举行的区域性会议及旅游活动,坦率地讲,一些会员不会特地为了这次会议活动而旅行到太远的地方。据一个办会负责人的工作记录显示,每年不管在哪开会,固定来的总是协会的主要核心成员,以及离会议活动地点较近的其他成员。

许多省市协会的章程规定,协会必须把它们的会议活动选址局限在自己省市的范围之内,这是由协会业务的性质或协会活动范围的局限性所决定的。不过,目前这类规定有些松动。协会负责人经常与另外一个省市的协会签署互惠协议,这样A省的分会此年到B省开,B省的分会彼年到A省开,既对本地经济有好处,又可给协会成员提供一个刺激会议活动出席率的理想会址。

4. 选择的酒店类型

协会会议及会议旅游在酒店的选择上没有一定的模式。根据美国协会会议趋势报告所反映的情况,不同类型会议活动选择不同类型的酒店和场所。这是因为协会本身就存在差别,即使是同一个协会,所举行的会议活动也不相同,所以任何酒店都能为协会的某一种会议活动提供服务。具体地讲,会议活动在何种类型的酒店举行,取决于协会会议的规模、性质和期限。

小思考

选择一个能让会议组织者和与会者都满意的会议及会议旅游活动场所非常重要,在实际中到底该怎样去挑选呢?

答:在实际中,我们可以参考以下几点来挑选场地:

列出可供选择的清单。必须制作一个会议场所清单表,清单表上需注明会议要求的所有重要条件。合理设计的清单不仅列出了备选对象,而且体现了对酒店的条件要求,便于对各个场所进行比较和选择。

选择适合的会议场所,必须综合考虑当地可提供的会议资源状况、会议的程序、预计与会人数、与会人员背景、会议目的、目标以及与会者的偏好等因素。

会议类型与场所的搭配。一般的,举办培训活动的最佳环境是能提供专门工作人员和专门设施的成人教育场所,如公司的专业培训中心或旅游胜地的培训点;研究和开发会议需要有利于沉思默想、灵感涌现的环境,如培训中心或其他宁静场所;协会年会的地点选择一般根据会员的意见来定,如当前最受欢迎的城市、能提供会议服务的酒店等;重大的奖励、表彰型会议选址一定要有档次,要引人入胜;对于交易会和新产品展示会,则需要选择有展厅的场所,还要求到达会场所在城市的交通必须便利。

亲临现场实地考察。在决定场地之前最好进行一次现场参观。需要注意的是,参观不是想去就去的,首先我们要检查一下自己是否已具备了前提条件。例如,报价方已经接受和同意会议明细表中的各项事宜;报价方是候选名单中较好的一个;对报价方拟订的合同条款基本接受等。

活动三:国内外会议旅游的现状和发展趋势

导入案例

2011年北京接待国际会议排名升至全球第十

材料一:

2012年5月18日,经国际会议与奖励旅游权威组织——国际大会与会议协会(ICCA)授权,北京市旅游发展委员会发布了2011年北京接待国际会议数量的全球排名,北京以接待111个国际会议的成绩列居榜单第10位,创历史新高(见表2.1 2011年国际会议接待数量全球排名)。

据北京市旅游发展委员会副主任、ICCA中国委员会主席孙维佳介绍,根据ICCA今年5月刚刚发布的数据,在2011年接待国际会议数量的全球城市排名中,北京跃升到第10位,较2010年的第12位上升两位,位居中国首位。在亚太地区排名由2010年的第四位上升到第二位(仅次于新加坡)。这也是北京连续6年进入该排行榜全球前15位。同时,北京接待国际会议总量突破100个,达111个,较2010年增长13个,创历史新高。这标志着北京已跻身于国际会议旅游之都的行列,在亚洲的领先地位更加巩固。

ICCA组织成立于1963年,总部位于荷兰阿姆斯特丹。经过近50年的发展,ICCA建立了完善的数据库及独立的国际会议统计评估体系。在多年实践的基础上,ICCA将国际会议界定为由国际专业协会组织的、在三个以上国家定期轮流举办的、规模在50人以上的会议。这已成为世界上最广泛接受、最权威的国际会议统计标准。ICCA 每年发布的排名广受世界各主要旅游城市的关注,被业界视为衡量旅游城市基础设施、接待能力、服务水准乃至科技文化发展综合实力的重要指标。

在 ICCA 公布的国家排名中,中国列全球第八位,亚太地区第一位,会议总量为 302 个(亚太地区第二、三位分别为韩国和日本)。在 ICCA 公布的城市排名中,中国大陆其他主要会议城市的情况如下:上海列全球第 24 位,会议总数 72 个;杭州、西安并列全球第 140 位,会议总数均为 15 个。台北列全球城市排名第 20 位,香港列全球城市排名第 22 位。

表2.1 2011年国际会议接待数量全球排名

排名	城市	会议数量
1	维也纳	181
2	巴黎	174
3	巴塞罗那	150
4	柏林	147
5	新加坡	142
6	马德里	130
7	伦敦	115
8	阿姆斯特丹	114
9	伊斯坦布尔	113
10	北京	111
11	布达佩斯	108
12	里斯本	107
13	首尔	99
14	哥本哈根	98
14	布拉格	98

资料来源:http://www.traveldaily.cn/article/61254.html。

材料二:

孙维佳分析指出,北京的排名及国际会议接待总量保持持续稳定上升的态势,主要得益于以下几个因素:

第一，调整结构。北京把以会奖旅游为发展重点的高端旅游产业作为调整全市旅游产业结构、促进产业优化升级的重要突破口。在市政府《关于贯彻落实国务院加快发展旅游业文件的意见》中明确提出，要推动旅游产业向高端化发展，努力把北京建设成为国际会展之都和高端旅游目的地。2011年8月北京市旅游发展委员会调整了机构设置，设立高端旅游发展处，将促进北京市会奖旅游业的发展作为重要职能。

第二，政策联动。为吸引更多的商业性国际会议在北京落地，市旅游委先后制定了《关于促进会议与奖励旅游发展的若干意见（试行）》、《北京市旅行社入境游奖励办法（草案）》等奖励政策，并积极协调有关部门推进在北京延长过境免签时限的政策。

第三，服务协调。市旅游委发起设立了北京高端旅游和会议产业联盟，架起政府和企业以及各企业之间的沟通桥梁；建设高端旅游资源库，把会议及活动组织者、会议场所、交通服务等资源悉数纳入其中；通过购买服务的方式推出北京高端会奖旅游服务项目，按照国际水准提供专业化服务；建设北京高端旅游网，成为北京会奖业界信息沟通的主窗口。

第四，全球推广。经过近十年的努力，中国（北京）商务及会奖旅游展览会（CIBTM）已经成为中国会奖业唯一和规模最大的国家级展会；并通过欧洲商务及会奖旅游展览会、海湾地区商务及会奖旅游展览会、美洲地区商务及会奖旅游展览会、国际会展会议及奖励旅游博览会等渠道持续不断地推广和展示北京高端会奖旅游目的地城市形象。

第五，产业促进。会奖产业经过近十年的发展，尤其是北京奥运会之后的快速发展，场馆设施供求能力之间的矛盾日渐凸显。在开发和提升传统资源的同时，市旅游委高度关注和支持密云古北水镇、怀柔雁栖湖G20峰会会址等在建的新兴高端会奖旅游资源，扩大产业承载力。

第六，国际合作。市旅游委积极加入国际奖励旅游管理者协会（SITE）、国际大会与会议协会（ICCA），与国际会议工作者联盟（MPI）、国际旅行旅游从业者协会（SKAL）等专业组织建立了广泛的联系，并与英国励展集团建立了战略合作伙伴关系。通过举办SITE全球年会等方式，逐步提升北京在行业主流人群中的认知度和影响力。

孙维佳同时指出，虽然北京建设国际会展之都和高端旅游目的地取得了长足的进步，但是由于底子薄、起步晚等原因，与处于"第一梯队"的维也纳、巴黎、巴塞罗那、柏林、新加坡、马德里等城市相比，北京还有不少差距，集中表现在以下几个方面：一是缺少国际性、多层次的会议场馆设施。知名国际会议城市不仅拥有标志性会议中心，还有各种特色会议中心及配套会议酒店设施，从而满足多种类型国际会议的需求。比如巴黎迪斯尼世界配套了两个专业会议中心,每年接待会议的数量超过1000个。二是国际航线容量和签证手续已成为硬性约束。三是国际会议审批流程复杂,加上国际会议申办周期较长等原因,导致会议承办主体缺乏申办国际会议的积极性。四是由于语言和文化差异,行业整体管理和服务水平亟待提高。五是行业集中度不高,缺乏有国际影响力的龙头企业。六是北京仍是新兴国际会议目的地,需要进行持续不断地多方位目的地推广,打造可持续发展的"百年老店"。

针对以上瓶颈,孙维佳认为,北京要加紧规划建设第二个"国家会议中心"这样的超大型会展综合体,应对设施不足的缺陷;加快规划建设第二机场和实施有条件的过境免签政策;开设商业性国际会议的绿色审批通道,简化审批流程;加强人才培养,形成具有国际水准的管理和服务队伍;加强行业规范与自律,避免传统旅游行业出现的恶性竞争;瞄准"第一梯队"会奖城市,尤其加大对欧、美和新兴市场的投入,形成可持续、多方位国际营销和推广体系。

资料来源:http://bj.people.com.cn/n/2012/0519/c14540-17057703.html

一、会议旅游的现状

会议旅游的重要性日趋凸显,很多国家将会议产业列入重要产业范畴,由旅游局下设或者独立设置会议观光局,管理和促进会议旅游。中国会议旅游的市场规模庞大,增速惊人,在国际会议市场亚太板块的崛起过程中,起到主要的作用。与城市的功能等级情况相适应,中国会议旅游已经形成了以北京、上海、广州等国际会展中心城市为核心的会议旅游梯级结构。

据估计,2008年中国的会议等商旅支出为938亿美元,10年间的年增长率为11.6%,远高于其他地区的增长率。亚太地区增速最快,过去10年的年增长率达到了7.2%,同期北美与西欧的年平均增长率分别为2%和4.6%。随着城市基础设施的不断完善,中国已经全面具备了举办国际级会议的能力。根据国际大会及会议协会(ICCA)的排名,2007年我国大陆(不含港澳台)接待国际协会会议数量的名次已经跃居第12位,北京排名全球城市第8位,第一次进入全球10强会议城市,上海进入了全球会议城市排名30强。

近年来,我国的会议设施规模和档次不断提升。据不完全统计,仅北京和上海两地的高星级酒店就拥有30万平方米的会议设施面积,全国有54家星级酒店拥有超过1000平方米的单体会议室,北京五星级酒店平均拥有会议面积1837平方米,上海五星级酒店平均拥有会议面积2137平方米。除星级酒店之外,以北京国家会议中心、上海国际会议中心、广州白云国际会议中心等为代表的城市会议中心也纷纷落成。仅在北京、上海、广州三地的三星级以上酒店举办的会议数量已达38万场以上。北京会议市场的规模最大,政务会议、协会会议处于领先地位;上海则在企业会议方面处于领先地位。此外,依托良好的旅游资源,杭州、大连、成都、三亚等二线城市也成为国内发展较快的会议旅游目的地。

会议旅游是现代旅游服务业的重要业务内容,也是促进旅游业转型的关键产业板块,目前世界会议旅游收入规模已达2200亿美元。现代的会议旅游已经超越了机票、酒店预订等基本的单项旅行服务,包括提供规划会议方案、打理会务接待、安排会议活动等事宜,服务的专业化和复杂程度日趋提升,而从消费特征和档次分析,会议是旅游的高端产品,与观光旅游者相比,会议旅游具有消费能力强、重访率高、对配套设施要求较高、不受季节影响、停留时间较长等特征。

美国国家商务旅游协会与EgenciaTM差旅管理公司(属于全球最大的线上旅游公司Expedia)2009年的数据表明,在全球范围内企业盈利的10%都用在了会议等商旅支出上。例如美国运通作为全球最大的商务旅行服务公司,为全球企业500强中400家以上的企业提供商旅服务。2010年第一季度,美国运通的商务旅游销售额达到41亿美元,与上一季度的销售额持平,占运通同期旅游总收入的80.4%份额,会议旅游在全世界都成为旅游商业组织的重要业务。

虽然已经有了巨量的市场规模,但我国目前的会议旅游产业仍然存在市场化程度较低、行政导向和政府色彩较浓的弊病。有的地方和部门将承办国际会议当成一种政绩,盲目攀比,铺张浪费,造成了地方国际会议过多过滥的现象。同时,我国会议旅游的产业组织发展滞后,会议经营企业比较分散,没有出现占据较大市场份额的企业,国内涉足会议活动策划和服务的企业主要有广告公司、文化策划公司和旅行社。在服务的专业化程度方面,大部分企业主要凭借组织旅游的经验和资源来组织会议活动,市场主体的培育有待进一步推进。大量专业的会议旅游活动尚未纳入政府采购目录。旅行社是会议旅游服务的专业运营商,具有集团采购优势,但在目前我国公务商务活动管理体制下,旅行社难以参与政府的公务考察、会议会展等项目的采购。最突出的就是旅行社的税务发票不能在财政部门核销,这种状况,既加大了政府的运行成本,也使得会议旅游的经营主体良莠不齐。

二、我国会议旅游的发展趋势

(一)全球化趋势

会议旅游活动正在向全球化方向发展,国际会议(参加国超过4个,与会外宾人数超过50人)的数量已经达到全部会议总量的70%左右。伴随着全球经济一体化进程的发展,不同国家之间的政治、经济、文化等方面的交流不断深化。会议作为人们沟通信息、交流思想的理想平台,随着社会政治经济交流活动的发展而发展,全球七成以上的会议涉及全球或国际问题。有资料显示,目前国际会议每年以大约8%~10%的速度高速增长,这一速度大大高于全球GDP的平均增长水平。

(二)品牌化趋势

巴黎除了是世界第一旅游目的地城市,据国际协会联盟公布的官方排行榜,还连续二十七年被列入世界会议之都。巴黎是全球国际会议的主要举办地。国际会议不像各类沙龙或博览会那样规模庞大,却可以获得可观的经济效益。目前,在巴黎举行的大部分会议都是国际性的,其比例还在不断增加。由于会议的国际性质,会期也从过去的平均一至两天延长至五天,吸引了更多的与会者。每次会议的外国参会者比例持续增长,2009年为18%,2010年为23%。在巴黎组办每场国际会议都有外国参会者参会是很确定的。实际上,超过四分之一的国际会议都会有10至50个国家的代表参加。欧洲国家"独霸天下"的传统市场格局已经受到挑战,伴随着亚太地区经济的迅速增长,很多国际会议正在向亚太地区转移。新加坡、首尔、墨尔本、香港、北京等亚太地区的城市,已经在国际会议市场上崭露头角,并成为国际会议市场上的"后起之秀"。

(三)竞争化趋势

国际会议作为一种具有明显"外部经济性"的无烟产业,近年来受到越来越多国家和城市的关注。不少城市已经把会议产业列为地方重点扶持的产业,并把举办国际会议数量以及接待国际会议能力同城市的现代化水平联系在一起,从而使得国际会议市场的竞争日趋激烈。

(四)集团化趋势

我国的大型旅游集团如广之旅、上海锦江、中青旅、春秋旅行社等已经加入了国际会展组织,开发会议旅游市场,但更多的大型旅游集团,如首都旅游集团、陕西旅游集团等还没有完全介入,或仅仅从事了DMC(Destination Management Company目的地管理公司)的接待服务工作。可以预见,今后几年,我国大型旅游集团将以其规模大、服务全、无形资产高、资金雄厚等优势进入会展旅游市场。会展旅游的集团化推进,可以实现会展企业、旅游企业等相关企业的优势互补,以提高我国会议旅游的整体实力和国际竞争力。

(五)产业融合多样化趋势

会议旅游越来越体现出与展览、奖励旅游相结合的趋势,中国会议旅游产业这几年呈现出蓬勃发展的态势,越来越多的国际性会议、奖励旅游开始选择将目的地放在中国。企业会议和奖励组织以及奖励机制研究基金会联合研究的初步结果表明,奖励旅游和会议之间的界限正在变得模糊不清。国际奖励旅游高级管理者协会(SITE)和会议专业人员国际组织(MPI)也对二者结合程度进行了调查。在其最近联合调查的受访者中,62%的人士预期将会在奖励计划中增加商务会议或其他类似的活动;而33.3%的受访者表示,他们将保持不变;只有5.9%的人士认为,奖励旅游期间会议数量将有所减少。

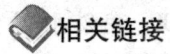相关链接

国内外部分知名会议介绍
达沃斯论坛

达沃斯会议即达沃斯论坛。世界经济论坛(World Economic Forum,WEF)是一个非官方的国际组织,总部设在瑞士日内瓦。其前身是1971年由现任论坛主席、日内瓦商学院教授克劳斯·施瓦布创建的"欧洲管理论坛",因为这个论坛在全球的影响力不断扩大,它在5年以后改为会员制。1987年,"欧洲管理论坛"更名为"世界经济论坛"。论坛的年会每年1月底至2月初在达沃斯小镇召开,故也称"达沃斯论坛"。而达沃斯也因此闻名遐迩。2012年1月29日,2012冬季达沃斯论坛落下帷幕。除中国以外的二十国集团(G20)成员国家及地区的首脑及部长出席了本次年会(见表2.2)。

达沃斯论坛的影响力,首先是其作为一个"世界级"思想交流平台的作用和对全球舆论导向的影响。论坛自1971年成立以来,借助包括年会在内的各种会议形式,成为各国政要、企业领袖、国际组织领导人、专家学者就各种世界重大问题交换意见的重要平台。更重要的是,达沃斯年会讨论的都是全球性热点问题或趋势性问题,对全球舆论具有重要影响。达沃斯论坛的影响力还表现在其遍布全球的会员和关系网络。达沃斯论坛是会员制组织,其会员主要来自全球各地区的1000多家大型跨国公司,全球500强中的绝大部分公司都是该论坛的会员。因此达沃斯论坛在世界企业界和经济界具有非常重大而广泛的影响力。此外,达沃斯论坛还具备很强的研究分析能力。论坛相关机构通过各类渠道收集经济信息、数据,经过统计整理分析,发表各种研究报告,使其影响力进一步扩大。其中,达沃斯论坛每年出版的《全球竞争力报告》已经成为一份国际经济权威研究成果,受到世界各国的广泛关注。

表2.2 达沃斯论坛基本概况

中文名	达沃斯论坛	别名	达沃斯会议
外文名	World Economic Forum	前身	欧洲管理论坛
年会时间	每年1月底至2月初	举办地点	达沃斯小镇
创建者	克劳斯·施瓦布		

资料来源:http://baike.baidu.com/view/42887.htm#7

博鳌亚洲论坛

博鳌亚洲论坛是一个非政府、非营利的国际组织。它由菲律宾前总统拉莫斯、澳大利亚前总理霍克及日本前首相细川护熙于1998年发起。2001年2月,博鳌亚洲论坛正式宣告成立。论坛的成立获得了亚洲各国的普遍支持,并赢得了全世界的广泛关注。从2002年开始,论坛每年定期在中国海南博鳌召开年会。

博鳌亚洲论坛致力于通过区域经济的进一步整合,推进亚洲国家实现发展目标。论坛发展至今(2013年3月)已经成为亚洲以及其他大洲有关国家政府、工商界和学术界领袖就亚洲以及全球重要事务进行对话的高层次平台。

博鳌正是借助了亚洲论坛这一国际性大事件的带动得以扬名,并逐渐形成了博鳌论坛的品牌,受到国内外高层的青睐。据悉,2000年以来千余个国内国际会议在博鳌召开。主要有:博鳌亚洲论坛成立大会及首届、二届年会;房地产论坛;通用汽车销售年会;欧米茄手表全国零售精英大会;中国平安保险公司销售年会;全国城市政府信息网络第十六届年会;世界海南乡团联谊会等。参加人数万余人次,主要有中国、日本、韩国、新加坡、菲律宾、泰国、澳大利亚等国家或地区现政要、前政要及国际知名人士莅临参会。据统计,每年的10月到第二年的3月,是博鳌召开会议的旺季。各宾馆、酒店住房率达90%以上,比平时提高30%,平均每年可创税达百万元。

资料来源:http://www.cas.zju.edu.cn/ids/zyhy.html

任务二 会议旅游运作的流程

任务导入

建发旅游集团 MICE 产品推介会

2011年10月27日~28日,由厦门建发旅游集团举办的"成功会奖,走进武夷山"活动在武夷山大红袍山庄成功举行,来自北京、上海、广州会奖界的精英们参加了为期三天的会奖旅游考察活动。这是继2010年成功举办"成功会奖在厦门"活动后,建发旅游集团再次举办的 MICE 产品推介活动(见图2.11),让活动参与者系统地考察集团两家豪华度假酒店——武夷山悦华酒店和大红袍山庄。希望通过亲身体验方式,让与会者全面感受武夷山最具特色的武夷茶文化及世界自然、文化双遗产;与建发旅游集团一起,将武夷山打造成为国内知名的高端会奖目的地。

图2.11 建发旅游集团MICE产品推介活动

10月27日上午,MICE产品推介会在大红袍山庄武夷宴会厅举行。推介会由建发旅游集团总经理肖秀新主持,福建省旅游局副局长李毅强等相关领导出席了会议。会上,集团董事长陈飞对集团整体情况进行了主题推介,市场总监曹锦对集团MICE产品进行推介说明。

推介会结束后,建发旅游集团的企业销售人员与参会的会奖精英们分赴三个分会场,进行主题演讲和自由交流讨论。信诺传播顾问集团、恒瑞行传播集团、中旅国际会议展览有限公司、康辉国际商务会展公司、海天网联传播顾问有限公司等知名会奖公司的有关负责人做了主题演讲。《会议》杂志总编辑王青道也出席了会议。

活动举办期间,与会嘉宾们从多角度感受到了武夷山秀丽的自然风光和深厚的文化底蕴。嘉宾们从九曲溪乘坐竹筏出发,在九曲之间感受武夷山自然风光的魅力;竹筏漂流后,客人们来到天心永乐禅寺,在这里和泽道法师一起静心悟道,体味人生智慧,点解寻常生活(见图2.12)。

图2.12 静心悟道

27日晚,作为东道主的建发旅游集团以当地的最高欢迎仪式——"幔亭招宴"欢迎远道而来的贵宾们。"幔亭招宴"的传统仪式得到了客人们的一致好评,并认为这是武夷山会议产品中的一个重要组成部分,能够给参加会议的客人留下深刻的印象。

28日,嘉宾们分两条线路进行考察。深入武夷景区,或探寻大红袍母树,或深入保护区感受森林气息。

在两天紧凑的行程中,会奖嘉宾们深刻地感受了建发旅游集团在武夷山会奖市场上的综合优势与实力。活动结束时嘉宾们纷纷表示,武夷山在自然与文化方面拥有独特优势,结合建发旅游集团专业而细致的服务,作为国际国内会奖旅游目的地,武夷山的客人一定会络绎不绝。

资料来源:http://www.58meeting.com/newsview.php?id=5&nid=215

活动四:会议旅游运作的条件分析

不是任何地区都可以举办会议旅游活动的,它的成功运作有着基本的条件依托。我们可以从举办地内外部环境和主观能动性方面进行会议旅游运作条件的分析,其中,外部环境多是举办地单方面不易改变的,内部环境中也存在一些难以控制的因素。但是将旅游作为举办会议的目标利益,通过采取切实可行的行动来满足主观能动性条件还是能够实现的。

一、举办地的外部环境

对任何举办地而言,外部环境的影响是间接的,也是均等的。外部环境类似于宏观大环境,它包括社会、人口和经济因素。为了使会议旅游顺利展开,外部环境应该达到以下几点。

(1)保持局势和平稳定,没有战争、恐怖活动以及其他突发性事件;

(2)主办国没有主动或被动地进行有敌意的行动,与其他国家友好共处,不招致政治抵制;

(3)国际旅游继续保持增长趋势;

(4)举办地与国际旅游的主要客源地空间距离适宜,交通便捷,费用合理,信息沟通顺畅;

(5)主要或潜在的客源国经济发展、社会稳定;

(6)与主要客源地的货币汇率稳定,或者主办地货币相对贬值。

二、举办地的内部环境

外部环境是会议旅游顺利开展的前提,但要使会议旅游青睐本地区,举办地还必须有良好的内部环境,其中包括:

(1) 举办地政局稳定,社会发展,经济增长;
(2) 当地居民支持会议举办,对会议相关旅游者友好;
(3) 举办地旅游资源丰富,旅游服务的"硬件"和"软件"有吸引力;
(4) 基础设施完善,可进入性强;
(5) 举办地物价不发生非常规性的上涨。

三、举办地的主观能动性

作为会议旅游运作的条件,会议旅游的成功运作还与举办地的主观能动性紧密相关。以下几点就是良好主观能动性的表现:

(1) 举办地能与会议组织者良好互动,结合会议本身主题,安排有特色、有组织的旅游;
(2) 会议相关设施建设没有对日常的社会和经济活动造成明显干扰,避免或减少会议的"挤出效应";
(3) 积极提供会议旅游服务,如交通、餐饮、住宿、购物等,时间涵盖会前、会中和会后,并引起旅游业界的积极反应;
(4) 有效进行形象塑造,将地域特色与国际趋势相结合,将会议形象、举办地形象和旅游目的地形象三者协调统一;
(5) 有效进行市场促销和公关活动,如促成赞助商的积极合作以及媒体对会议旅游活动的正面宣传等;
(6) 进行会议相关旅游产品的开发和推广,如节庆旅游、体育旅游等。

活动五:会议旅游操作的具体流程

会议旅游的实现是以会议的召开为前提的,与会议本身有着千丝万缕的联系。因此,在下面的流程介绍中,以大型会议及会议旅游为例,将会议旅游操作融合到会议申办、承办和总结三个阶段。

一、申办阶段——会议旅游相关方全力支持

只有会议申办成功,相应的会议旅游才能成行,所以申办会议是会议旅游的第一步。会议因档次规模各不相同,申办的方式也不一样。

比较正规的国际会议,其承办及争取条件在国际组织的章程中皆有明列,在申办之前,了解相关规定,能事半功倍。一般来说,大型国际会议的主办有以下几种方式:

(一) 会员国轮流主办

只要加入国际组织成为正式会员国,就有机会主办。轮流次序通常按加入组织的先后或国名英文字母的顺序。当然,会员国主动提出也是可以的,经该组织的

监理会同意即可,如亚洲秘书协会组织。

(二) 地区性轮流主办

有些重要国际组织会员分布在全球各国,为了让各地区的会员国都有机会主办,会议会指定轮流在某些地区召开,如亚洲地区、北美地区等,这些地区内部可能还会存在好几个会员国。

在以轮流的方式决定地区后,该地区有意争取主办的会员国可以提出申请企划书,然后由这个组织的监理会或特别成立的评估小组来表决,最后选定主办国。一般来说,组织的知名度、会议的效益及权威性越高,会员国之间的竞争也就越激烈。

(三) 竞标方式主办

这是会员国最具挑战性的主办权争取方式。其竞争的会议也必定是全球知名的国际组织所召开的世界瞩目并具有权威性的大会。竞标的过程经常要花费相当长的时间苦心孤诣,通常有意主办的会员国会先将相关先决条件列在招标书中。

其他规模较小的会议,申办方式相对会较为简单,最常见的便是竞标。一次竞标工作可以分成以下三个步骤。

1. 拟定竞标企划书

竞标企划书是评审委员会对争取单位的第一印象。它主要包括政府及各相关单位的支持信函(包含旅游行业知名企业对会议旅游的支持信)、承办各大会议的记录、硬件设备、预算、饭店、航空、交通和旅游、餐饮、文化节目、专业筹办人等。

2. 接待评比人员

竞标企划书递交之后,评审委员会会派遣 3～4 人作为评比小组前来考察,接待时要注意:用最高礼遇的接待方式;安排好住宿;结合会议相关产业(包括会议旅游业)参与汇报,表现出团队精神;实地参观硬件设施;拜会政府首脑;举行参观活动,并赠送小礼品。

3. 了解竞争对手

往往一个会议会有几个申办者,时刻关注竞争对手的状况,有利于知己知彼,更好地展示自己的竞争优势,加深评审委员会对自己的正面印象。

二、承办阶段——会议旅游相关方实际配合

会议一旦申办成功,即进入承办的操作阶段。会议旅游相关方要实际行动起来,经营好自己的本职。通常,在承办阶段,会议旅游的操作可分成会前、会中和会后三个阶段。

(一) 会前阶段

会前会议旅游组织方的主要工作是同主办方洽谈,在结合主办方相关信息的基础上策划提供会议旅游备选方案若干,协助主办方现场考察,最终确定方案(如

表2.3中国某外资企业2013会议旅游行程表),签订合同,接受预付定金。其中在策划提供会议旅游备选方案时,旅游组织方需要明确以下几点。

(1)会议所需的邀请函设计方案(见图2.13),参会人员来回机票、车票提供方案,机场、车站接送方案,以及临时用车提供方案;

图2.13　中国某外资企业2013会议旅游邀请函

(2)推荐并确定会议住宿酒店及客房类型选择;
(3)推荐并确定会议餐饮安排,宴会布置及宣传海报设计方案(见图2.14);

图2.14　某外资企业Gala Dinner晚宴宣传海报

(4) 相关交通、休闲、娱乐信息的咨询服务提供方式；

(5) 会后旅游路线行程的组织安排（可以是一种或多种安排），旅游用车、导游的组织安排，旅游餐饮住宿安排。

表2.3　中国某外资企业2013会议旅游行程表

日期	内容或行程	交通	膳食	住宿
Monday 19.08.2013	10:00 开幕式 11:10 主题会议：前景展望 17:30 谁是赢家——游泳比赛	无	三餐	千岛湖洲际度假酒店（五星）
Tuesday 20.08.2013	9:00 主题会议：业绩回报 13:00 经验分享交流 18:30 Gala Dinner 晚宴	无	三餐	千岛湖洲际度假酒店（五星）
Wednesday 21.08.2013	08:00 Morning Call 叫早 08:30 Breakfast at hotel 酒店内早餐 09:00 Start from InterContinental One Thousand Island Lake Resort 千岛湖洲际度假酒店出发 09:00~10:30 Transfer to Lanxi City – Zhuge Bagua Village 驱车前往兰溪市：诸葛八卦村景区 10:30~12:30 Have a view of Zhuge Bagua Village 游览诸葛八卦村景区 12:30~14:30 Lunch 午餐 14:30~17:30 Transfer to Sanqing Mountain 前往三清山风景区 17:30~18:00 Hotel Check–in 入住酒店 18:00~19:30 Dinner 酒店内享用晚餐 19:30 Free Time 自由活动	豪华旅游大巴	三餐	三清山国际度假酒店（五星）
Thursday 22.08.2013	07:30 Morning Call 叫早 08:00 Breakfast 早餐 08:30~16:00 Sanqing Mountain tour（Lunch at the mountain）游览三清山风景区（南清园景区和西海岸景区），午餐于山上餐厅享用 16:00~18:00 Back to the hotel & have a rest 返回酒店休息 18:00~19:30 Dinner 享用晚餐 19:30 Free Time 自由活动	豪华旅游大巴	三餐	三清山国际度假酒店（五星）

续表

日期	内容或行程	交通	膳食	住宿
Friday 23.08.2013	07:00 Morning Call 叫早 07:30 Breakfast at hotel 酒店内早餐 08:00 Start from the hotel 酒店出发 08:00~10:30 Transfer to Longyou Grottoes 驱车前往龙游石窟 10:30~12:00 To explore the mystery of Longyou Grottoes 探寻龙游石窟之谜 12:00~13:00 Lunch 午餐 13:00~17:30 Bus back to Shanghai 驱车返回上海 17:30~18:30 Bus back to Suzhou 驱车返回苏州 18:30~19:30 Bus back to Wuxi 驱车返回无锡	豪华旅游大巴	早、午餐	无
Contact Person 联系人	导　游:陈某:135-××××-0064 　　　　仲某:139-××××-0032 活动方案: 　　　施某:139-××××-0077 　　　刘某:137-××××-0059			

(二)会中阶段

会中阶段会议旅游组织方的主要工作是按与主办方事先确定的会议旅游方案实施操作,具体展开可主要包含以下方面:

(1)派专人负责机场、车站的礼仪、接站、公关等服务;

(2)派专人负责会议游客的票务工作,满足个性化的合理要求;

(3)协助主办方确认房间楼层及房间号,询问会议游客是否有特殊要求并进行相关调整;

(4)协助主办方确认用餐时间、用餐标准及特殊客人(如回民、素食主义者)的要求,并进行相关调整;

(5)确认(各项)会后旅游(大多数情况下,会后旅游的线路选择是单一的,但也有会议提供多样的旅游方案)的最终参加人数、旅游线路行程、用车、导游及是否增加景点等,为每位与会代表办理会后旅游期间的人身保险;

(6)提供当地交通、娱乐的消费形式和消费标准以及自主休闲活动的相关咨询。

(三)会后阶段

会后旅游组织方的工作主要集中在会后旅游活动的实施,派有经验的专人组织好考察休闲娱乐活动中的吃、住、行、游、购、娱。在此过程中,会议旅游者可能产生各种疑问和要求,只要是合理的,组织方都要灵活努力地配合解决。另外,会议旅游组织方还应该根据与会代表返程机票、车票的时间及方向,做好分批送站,确保他们顺利返程。

三、总结阶段——会议旅游相关方总结提升

会议旅游活动的结束并不意味着会议旅游管理的终结,通过统计整理资料,研究分析已做过的工作,总结经验和建议,能很好地对手头业务收尾并有利于提高自身经营水平。在总结阶段,会议旅游相关方的主要工作有以下几方面。

(1)账务结算。提供会议旅游过程中的详细费用发生明细及说明,并派专人与会议主办方进行核对结账,提供会议主办方所需发票。

(2)评估会议旅游并撰写总结报告,判断已做过的所有工作的效率和效果,为提高以后工作的效率和效果提供依据和经验。

(3)做好回访跟踪工作,以加深会议主办方对自己的印象,寻求深入发展客户关系的可能。一般来说,记忆是印象的延续。印象是在会议旅游服务中留下的,记忆则在跟踪服务工作中得到加强。回访跟踪服务做得越早,效果就越明显。

(4)召开总结表彰会,感谢相关单位和人员。这里的相关单位和人员主要有重要的会议旅游支持单位、合作单位、给予大力支持的媒体,以及会议旅游服务人员。

(5)大型国际会议的会议旅游还可以在总结阶段进一步做好媒体跟踪,进行一个事后回顾性的报道,将有关情况、有关数据,提供给新闻界炒作,进一步扩大会议旅游的影响。

活动六:实训

一、会议旅游策划方案撰写

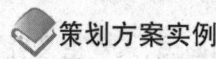
策划方案实例

骊特(中国)2012 三地精英交流研讨会策划案

前言

骊特(中国)房产集团于 1997 年 12 月 26 日在福州市创立,企业采取"骊特式"经营模式拓展市场,目前已在澳门地区建立"骊特(国际)房产集团"并在国内的福州、泉州、南昌开展房地产交易代理业务。经过 12 年的成长,骊特已在上述地方前向整合 150 多家连锁门店为客户提供房地产居间服务,后向整合房地产评估业务,且已进入房地产金融担保行业,提供房地产商业按揭、公积金按揭、房地产抵押贷

款,为客户解决解押资金的借贷和担保业务等。现有员工1500多人,是福建省最大的房地产综合服务提供商。为夯实业务基础,骊特集团每年都会组织大量的会议旅游活动,以鼓励员工,并达到三地业务经验交流、碰撞的目的。因此,骊特集团将于6月份组织公司部分业务精英赴海南参会,此次会议主要集会议与旅游于一体,开展长达两天三夜的会议旅游行程。

一、活动目的

(一)通过市场分析,总结上半年公司运营成果,明确下半年工作重心。

(二)分享成功经验,复制成功技巧,共同探讨业绩拓展方向。

(三)与同行业比较,进行头脑风暴,指出不足,提出改进方案。

(四)通过表彰及旅游行程,鼓舞员工士气,续写骊特辉煌篇章。

二、会议主题

"亮剑精神,谁与争锋"

——骊特(中国)2012三地精英交流研讨会

三、会议时间

2012年6月16日~19日

四、会议地点

海南三亚 大东海榆海海景酒店

五、参加人员

三地高层领导:15人

三地各区域精英经理:20人

三地各区域精英店长:10人

三地各区域精英业务员:35人

工作人员:8人

共计:88人

六、会议内容

(一)骊特(中国)2012三地精英交流研讨会议正式启动

(二)2012,房产经纪的危机OR转机?

(三)骊特(中国)2012上半年度工作开展总览

(四)成功分享:区域的规范化管理

七、旅游内容

(一)三亚—琼海—兴隆

(二)兴隆—陵水—三亚

八、日程及议程

日期	时间	内容	流程	地点
6月16日	16:30~17:00	集合	所有人准时于总部集合,搭乘大巴至长乐机场	公司总部
	17:30~18:00	准备出发	清点人数,做好出发前准备	长乐机场
	18:00~20:45	出发	全体人员准备登机并前往海口美兰机场(包晚餐)	美兰机场
	20:45~23:50	转车	乘坐旅行社安排的专车前往三亚大东海榆海景酒店	大东海榆海海景酒店
6月17日	7:30~8:30	集合就餐	于酒店自助餐厅就餐并于大堂集合,驱车前往旅游目的地	大东海榆海海景酒店
	8:30~18:30	导游带团	随导游一起进行"三亚—琼海—兴隆"一日游,主要项目包括【博鳌临时会址景区】、【博鳌玉带滩】、【万泉河竹筏漂流】、【兴隆热带植物园】。包午餐、晚餐	三亚—琼海—兴隆
	18:30~19:00	返回	驱车返回酒店	大东海榆海海景酒店
	19:00~19:30	会议签到	全体人员集中于酒店会议厅签到	大东海榆海海景酒店
	19:30~20:00	开幕启动	骊特(中国)2012三地精英交流研讨会议正式启动——骊特(中国)集团董事长李特	大东海榆海海景酒店
	20:00~20:40	重要讲话	《2012,房产经纪的危机OR转机?》——骊特(中国)集团总经理郭华	大东海榆海海景酒店
	20:40~21:00	茶歇	与会人员可至会议厅走廊进行茶歇,品尝茶点	大东海榆海海景酒店
	21:00~21:30	重要讲话	《骊特(中国)2012上半年度工作开展总览》——骊特(中国)集团业务运营部总监江玉香	大东海榆海海景酒店
	21:30~22:00	成功分享	《区域的规范化管理》——骊特(福州)东江滨区域经理肖国兴	大东海榆海海景酒店
	22:00~22:30	次日计划	主持人对次日集合时间的提醒及重要事项的提醒	大东海榆海海景酒店

续表

日期	时间	内容	流程	地点
6月18日	7:30~8:30	集合就餐	于酒店自助餐厅就餐并于大堂集合,驱车前往旅游目的地	
	8:30~21:30	导游带团	随导游一起进行"兴隆—陵水—三亚"一日游,主要项目包括【分界洲岛】、【亚龙湾中心广场】、【蝴蝶谷】、【贝壳馆】、【大东海】。包午餐、晚餐	兴隆—陵水—三亚
6月19日	7:00~8:00	集合就餐	于酒店自助餐厅就餐并于大堂集合。	大东海榆海海景酒店
	8:00~10:45	转车	乘坐旅行社专车前往海口美兰机场。	海口美兰机场
	11:00~13:30	返回	全体人员准备登机并前往福州长乐机场(包午餐)	福州长乐机场

九、会场布置

(一)签到台1个:布置在会议厅门口

(二)指示牌3个:酒店提供,分别摆放在酒店门口、会议厅门口及餐厅门口

(三)会议厅桌椅摆放:课桌式摆放,演讲台1个,座式麦克风2个,投影仪及屏幕

(四)会议厅背景喷绘:

"亮剑精神,谁与争锋"

——骊特(中国)2012三地精英交流研讨会

十、组织及分工

(一)领导小组

1.组长:林×,负责本次会议的全面领导及指挥,协调和监督各工作组的工作

2.副组长:李××,负责活动策划、会场布置及会务工作

3.成员:林×、李××、邓××、郑×、王××、谢××、严××、陈×

(二)分组及工作职责

1.会务组

组长:李××

成员:严××、陈×

工作任务:

(1)负责广告公司的联系,包括背景板喷绘、名片卡设计

(2) 负责会场的布置，包括桌椅、背景板、名片卡、演讲台、设备调试

(3) 策划案的编辑及定稿

(4) 会议流程的监督，主持人、演讲嘉宾对稿

2. 旅游组

组长：林×

成员：谢××、王××

工作任务：

(1) 旅行社的联系，包括交通工具、旅行路线、费用明细

(2) 酒店的联系，包括用餐标准、住房标准、会场租赁

(3) 航空公司的接洽，预订往返机票

3. 后勤组

组长：邓××

成员：郑×

工作任务：

(1) 统计物料并采买装袋

(2) 财务出纳，负责各项目的监督及开支

(3) 活动全程的人员清点

十一、筹备工作计划

序号	工作内容	完成时间	负责部门	负责人
1	与会者数量及名单敲定并打印	6月14日前	后勤组	郑×
2	会议主持人敲定并对稿	6月15日前	会务组	严××
3	会议流程编辑与敲定，并送由广告公司打印	6月15日前	会务组	严××
4	酒店指示牌的敲定	6月16日前	会务组	陈×
5	演讲嘉宾名片卡编辑并打印	6月16日前	会务组	陈×
6	会议厅背景板喷绘敲定	6月17日前	会务组	严××
7	会议流程发放至与会者手里	6月16日前	会务组	严××
8	会议厅桌椅摆放	6月17日晚	会务组	陈×
9	名片卡及指示牌摆放	6月17日晚	会务组	陈×
10	会议现场各设备试行	6月17日晚	会务组	李××
11	往返机票提前预订，往返时间敲定	6月14日前	旅游组	林×

续表

序号	工作内容	完成时间	负责部门	负责人
12	酒店选定	6月15日前	旅游组	谢××
13	酒店用餐人数及用餐标准敲定	6月14日前	旅游组	林×
14	酒店房间数及客房标准敲定	6月14日前	旅游组	谢××
15	出行用车数量敲定	6月15日前	旅游组	林×
16	同旅行社敲定旅游路线	6月16日前	旅游组	王××
17	出发前物料清点	6月16日前	后勤组	邓××

十二、费用预算

（一）旅行社费用：70 400元（包食宿、交通）

（二）会场布置费用：5000元

（三）会场租赁费用：5000元（小型会议厅）

（四）往返机票费用：151 360元

（五）不可预计费用：7736元

（六）共计：239 496元

十三、注意事项

（一）各组工作人员必须严格按筹备工作计划的进度要求推进工作

（二）组长负责监督各工作组工作按时完成

（三）会议期间公司人员必须统一着装，佩戴齐全

（四）会议期间工作人员需提前到场，不得迟到、早退和无故缺席。

二、会议旅游实况模拟

参观考察所在地会展中心，并通过拍摄图片等方式获取资料，仿照会议旅游流程，在班级组织一次会议旅游学习心得交流。

附1

会议签到方式

参加会议人员在进入会场一般要签到，会议签到是为了及时、准确地统计到会人数，便于安排会议工作。有些会议只有达到一定人数才能召开，否则会议通过的

决议无效。因此,会议签到是一项重要的会前工作,它是出席也是会中任务的重要内容之一。会议签到一般有以下几种方法：

1. 簿式签到

与会人员在会议工作人员预先备好的签到簿上按要求签上自己的姓名,表示到会。签到簿上的内容一般有姓名、职务、所代表的单位等,与会人员必须逐项填写,不得遗漏。簿式签到的优点是利于保存,便于查找。缺点是这种方法只适用于小型会议,一些大型会议,参加会议的人数很多,采用簿式签到就不太方便。

2. 证卡签到

会议工作人员将印好的签证卡事先发给每个与会人员,签证卡上一般印有会议的名称、日期、座次号、编号等,与会人员在签证卡上写好自己的姓名,进入会场时,将签证卡交给会议工作人员,表示到会。其优点是比较方便,避免临开会时签到造成拥挤。缺点是不便保存查找。签证卡多用于大中型会议。

3. 会议工作人员代为签到

会议工作人员事先制定好参加本次会议的花名册,开会时,来一人就在该人名单后画上记号,表示到会,缺席和请假人员也要用规定的记号表示,例如：用"√"表示到会,用"×"表示缺席,用"0"表示请假等。这种会议签到方法比较简便易行,但要求会议工作人员必须认识绝大部分与会人员,所以这种方法只适宜于小型会议和一些常规性会议。对于一些大型会议,与会人员很多,会议工作人员不能认识大部分人,逐个询问到会人员的姓名很麻烦,所以大型会议不适宜采用这种方法。

4. 座次表签到方法

会议工作人员按照会议模型,事先制定好座次表,座次表上每个座位按要求填上合适的与会人员姓名和座位号码。参加会议的人员到会时,就在座次表上消号,表示出席。印制座次表,与会人员座次安排要求有一定规律,如从×号到×号是某部门代表座位,将同一部门的与会人员集中一起,便于与会者查找自己的座次号。采用座次表签到,参加会议的人员在签到时就知道了自己座位的排数和座号,起到引导的效果。

5. 电脑签到

电脑签到快速、准确、简便,参加会议的人员进入会场时,只要把特制的卡片放到签到机内,签到机就会将与会人员的姓名、号码传到中心,与会者的签到手续就在几秒钟内即办完,再将签到卡退还本人,参加会议人员到会情况由计算机准确、迅速地显示出来。电脑签到是先进的签到手段,一些大型会议都是采用电脑签到。

参考资料:http://www.docin.com/p－310105269.html

附2

会议管理的要素

对于举办一个具有相当规模会议的组织者来说,如何让众多的会议参与者在每一个环节诸如签到、开会、餐饮、娱乐、学习、交流等中得到他们想得到的东西,同时又能关注到与会者一些意想不到的情况,比如突发的疾病、家庭危机或其他个人麻烦等;此外,还要解决随时都有可能发生的诸如发言人没有及时到场、恶劣的天气或音响设备失误等突发事件呢? 作为一个专业的会议管理公司,我们提出以下一些建议供您参考。

一、确立明确的目标

对任何一个商业公司而言,要想让会议开得有价值,必须要有一个明确的目的。通过会议获取所需,提供给与会者相应的价值,并且能回报投资。

二、完善信息的采集与分析

信息的收集极为重要,这其中包括了解客户的需求、了解会议的出席者、了解媒体、了解预算、分析自己的不足等。

三、追求不断地创新

每一次会议都是对创新能力的挑战,无论在内容或形式上,不断地创新能使每一次会议都充满激情与乐趣。

四、制订周密的计划

无论是甘特图还是进度表,一个周密的计划必须包括会议里所有的细节。另外,保证定期的追踪可以避免一个周密的计划成为项目经理墙壁上的装饰。

五、实施严格的现场管理

在进行现场管理时,一定要严格地对照计划表上的事项进行操作,任何疏漏都会导致会议的失败。此外,现场负责人需要有随机应变的能力(参见十四条)。

六、结束与细致的总结

成功的会议需要有创造性的规划、积极的谈判和交流的技巧、规范的操作和财务管理、优秀的包装和系统的反馈。在会议结束后总结一下你提供了多少价值?什么是你公司的投资收益?与会者明年还会参加你的会议吗? 将这些问题的答案汇总起来,应用于下一次的会议计划。

七、争取优秀,而不是完美

无论会议大小与否,再好的会议计划都不可能达到完美,最重要的事情是建议、设计和修正。

八、了解会议涉及的行业

为了提供成功的会议管理,组织者必须了解会议所涉及的行业、专业术语和行业整体趋势等方面的内容。

九、不要为了省小钱而在大事情上糊涂

保证合作的供应商提供高品质的服务,千万不要为了省点小钱而牺牲了会议的品质,到最后损失最大的还是你自己。

十、记住,顾客永远是第一

你的听众是你的顾客,他们会付账给你,因此他们必须要感受和接受到价值,他们必须要体会到此次会议的重要性。如果你觉得有什么事比顾客更重要,请记住:顾客永远是第一重要的!

十一、合理控制预算

要学会分析并合理地使用预算。额外花费的钱应该首先使与会者受益。

十二、最大限度地使用技术

技术能给你很多帮助,自始至终地尽可能多使用技术,使得顾客和工作人员都能很轻松地运用技术。但是,必须记住不可用技术代替人与人之间的交流。

十三、清晰而明确的交流

清晰而明确的交流是整个项目成功的关键。想象你是一个与会者,不了解内部的计划、程序或是后备工作,如何在最短的时间内了解这一切呢？

十四、成熟的危机管理

针对不可预见的问题与可能的场景危机,必须准备好解决方案,将最坏的结果罗列出来,然后逐一提出解决方案。

十五、提供足够的价值

为了满足与会者的需求,一个会议项目应该能提供给听众有用的价值,无论是教育还是培训抑或是新产品发布会或经销商会议——内容是关键,充实的内容将使价值在会议中得以体现。

参考资料:http://www.5ucom.com/p-364936.html

附3

会议紧急事件的处理

要测试会议筹办人经验最好的方式是看他(她)处理危机和紧急事件的能力。会议筹办人不可避免在这种状况下扮演领导角色,而且需证明有足够能力处理,虽然其他人也有责任处理在会中所发生的各种紧急事件,但是会议筹办人最终还是要去确定所有发生的因素。事前能列出紧急事件可能发生的项目,再根据不同发生情况按照步骤处理。

一、紧急医疗

对于紧急医疗计划,要看与会者平均年龄、活动范围和过去会议经验。不管如何,紧急事件可能在任何时间发生,但是有些参加会议的人比其他人更容易受伤与生病,比较可能性的病症是心脏疾病、中风和其他危害生命的病症。有些与会者因为改变饮食、喝酒、睡眠不足、疲劳、面临不熟悉环境、孤独、远离亲人所致疾病,因此要使那些人得到照顾。

(一)紧急医疗系统

会议筹办人经常凭借其经验通过当地会议/观光局或当地主办单位的分会协助成立一个紧急医疗系统,与当地医院联络,一旦有紧急病人立即安排救护车送医院急救。并在会议现场安排医疗人员,在会场再和医师联络,确定他(她)愿意短时间内来出诊,在大会手册以及其他资料中印上紧急事件联络电话号码。

(二)会场医务室

如果你是在会议中心举行会议,在合约或保险的同意书中可能要求会议中心雇请一位护士或医务人员在会场。有些会议中心有医务室,可以安排医务人员,先了解医务室的位置、医疗器材。会议筹办人可以评定现场这些设备与人员是否符合紧急医疗计划,如果不足,则要特别安排一位医务人员值勤,医务室中至少要有轻巧的氧气筒、绷带、压舌板、杀菌剂和阿司匹林。大部分会议筹办人会试着放一些医疗用品,但是一定要留意其有效期限。如果所需超过这些基本用品就需要医院提供。

(三)饭店紧急救护系统

大部分的饭店有自己的医疗人员,但是不能确定这位医务人员是否可以处理紧急服务。大部分医务人员并不住在那里,所以可能无法即时处理紧急医疗,但是各个饭店应该有紧急救护系统,这就是会议筹办人在选择会场时就应该考虑的。先了解会场紧急救护的情形,有些由总机来处理,有些是警卫室,也有些是会议服务人员。要先了解每个会场情形,到时候才不会找错对象。

如果同时使用几个饭店,需先了解每一个饭店紧急服务的情况,确定要找哪一个人,留下他(她)们的电话号码,万一发生紧急事故时一定要先通知负责处理的人。很多会场及组织派人接受心肺复苏术训练,懂得这种技术可救很多人生命,因此每一个组织都应该提供员工学习这种技术。有两项紧急事件可能会发生:企图自杀、急性酒精中毒,轻者虽然没有生命危险但仍需紧急处理。因此任何紧急状况获得入院许可是必需的,宁可多做准备不要准备不足。

二、卫生问题

卫生问题是筹办国际会议另一项重大挑战,包括饮食卫生与环境卫生两方面。国际会议通常是在已开发国家和开发中国家举行,而且争取到国际会议的国家,都会选择环境良好的地方作为会议与活动的场地,因此环境卫生大致不会有问题。而餐饮卫生是主办单位最大的挑战,特别是上千甚至上万人参加的大型国际会议,更是要慎选餐饮合作对象,万一其中有人因食物不洁而造成腹泻甚至食物中毒,那将造成无法弥补的损失,主办国家、城市的形象也会大打折扣。近来英国发生口蹄疫事件,相信对他们争取国际会议方面会有严重的影响。

三、火灾

每一个与会者都要知道在活动中遇到火灾的逃生技能,浓烟和惊慌往往比火灾本身造成的死亡还高。饭店有责任告知客人逃生步骤,例如紧急逃生口,但是会议筹办人扮演着更重要的角色:保护与会者并提供这方面足够的资料。很多主办单位印制了防火手册,放在资料袋中一起给与会者参考。小小一个动作可能救很多条生命。

在做场地检查时特别是高层楼饭店,要熟悉其安全设施。以下是安全设施注意项目检查表:

①是否有自动灭火系统(洒水式)?
②洒水口在哪里,走廊、睡房、公共区域、厨房?
③如果建筑物没有自动灭火系统,是否全部有防烟侦测器?
④建筑物的每一层楼是否有两个可移动的灭火器?
⑤是否火灾现场出口处直接可到建筑物外面?
⑥防火警示灯是否看得到和照明良好?
⑦从每个走廊是否可以看见指引到火灾现场出口的灯?
⑧在电梯口是否有指引万一发生火灾请使用楼梯的标志?
⑨查一查灭火器上的条子,是否每月检查?
⑩在每一层楼适当位置是否有防火手册?

这份注意项目检查表未必真正有用,但至少让会议筹办人认识到一些基本的重要项目。花费时间去准备那些未必会发生的事似乎很讨厌,但是要记得拯救一条生命或避免一场灾难是值得的。

四、签证问题

签证问题也是紧急事件处理中的一项,通常在会议通知(announcement)中都会说明签证的细节,但是仍然有些国外与会者忽略这方面的问题。特别对于重要的贵宾,更要再三叮咛签证的问题。曾经有一次国际会议在台湾举行,其中有一位重量级的贵宾因为签证问题而延误抵台,他可能因为工作太忙碌加上他的秘书也没有留意,使他到了机场却因为没有签证而无法登机,他只好在机场打长途电话通知主办方。由于他是一位国际知名人士,外交部立即通知驻外办事处给予签证,使这位贵宾赶搭第二天班机抵达。虽然最后他顺利来台,但因为他的延误,使大会节目必须略为变动,所有工作人员也因而忙得人仰马翻。

五、盗窃

国外与会者在会议当地遇到盗窃事件都会留下不良印象,因此在重要国际会议期间,要求地方政府加强警力,避免发生盗窃事件,同时主办单位也应该以书面资料告知与会者尽量减少到人多复杂的地方去。国外与会者对夜市很感兴趣,如果要去,尽量不要带贵重物品如现金、珠宝、护照等,同时最好有当地人陪同比较安全。

参考资料:http://www.docin.com/p-202774190.html

附4

会议的整体服务介绍

场地

说起会议,我们第一点想到的就是场地问题,在哪里开会?这是一个关键的元素。一个好的会议会展场所对会议的整体形象和质量起着显著的影响。

对场地,我们本着以人为本的原则:

①通过与您沟通,为您找寻一个适当的合乎身份地位的而且是合适预算的场所。

②负责为您租订会议或展览场所,布置场地和撤场,同时安排休息室及贵宾室等。

③为了让您更清楚地了解整个会议情况,我们为您提供会场的布置设计平面图、立体图、设计配置图等。这样可以方便您善用场地周边的条件来进行整体规划。

规划

①协助组委会、大会秘书处的成立。
②会议议程表的撰写,中文、英文还是中英文?
③参会人员的邀请函、发言者的讲稿设计。
④稿样的规划,表格设计,审稿流程。
⑤现场的会议记录。
⑥如何邀请首长莅临演讲,适合邀请哪一位呢?致辞稿怎么撰写?
⑦会议和展览要如何制造连接线、动线如何安排,才能使与会者和参展者能相互交流?

印刷品

①协助您进行大会 CIS 的设计规划,设计出贴切表达主办者的专业、创意、热

情的LOGO。

②协助您创意设计大会手册、论文集、邀请卡、出席证和大会的信纸、信封等。

报名

①我们为您提供报名表格的设计,结合与会者的个人翔实资料和大会议程、收费标准、旅游活动等整合规划,一张A4纸就能清楚每个与会者的资料。

②我们协助您在银行设立专门账户收费,方便与会者的缴费和大会秘书处对收支状况的进度了解。

③协助发出邀请信,注册回函、邀请函等。

④联络和确认外宾,接送飞机、火车及住宿安排,为外宾服务等。

网络

①通过我公司网站或大会专属的网站,宣传会议或展览、活动的举办。

②通过线上活动的规划设计,策划社群性的议题或活动,达到宣传的效果,增加报名参展的人数及教育的功能。

③建立策略联盟,做一个网站其实并不难,难的主要是怎么让这个网站具备会议的生命力,怎么去经营它,怎么利用其他的有利网站来让它更有宣导性和交流性,如何创意制造一个有利的议题,不用买广告也能达到宣传效果。

④协助联系会展经纪人,通过全球会议网的会员数据库来招商、招展。

⑤协助联系讲演者经纪人,通过全球会议网的讲师数据库找到合适的讲师,可能通过全球会议网的专业经纪人与大会协商参与细节。

⑥网络转播。大会可通过网络的转播传达大会或是展览的内容,不论是实时转播还是会后转播,使现代科技得到实际运用。

会场布置

佛要金装,人要衣装。会议、展览或活动也要包装。

①协助安排宣传旗帜,如何运用颜色、尺寸等明显的设计,使会议、展览、活动达到大众宣传的实质目的。是要长的、横的、多少面才有效益呢?摆在哪里?跟谁申请公文呢?

②大会的出口处给进出的与会者首先印象,如何运用适当的材质及高度、大小设计简单、稳重、创意、国际的标的物,清楚地表达大会主办单位的用心和精神呢?

③报到台。眼睛和嘴巴是一个人到达一个陌生的地方时最常用的器官,报到台的设计要如何规划才能明显地被注意呢?是用英文字母的顺序排序的吗?是用国外还是国内的呢?需要有现场报名的专属位置吗?……

④协助安排花艺。花草是软性的视觉注意力,如何运用花艺的规划适当地营造会场的气氛,鲜活而不失庄重呢?

⑤眉目板。会议室或是展览室内的眉目板一定要放在正对与会者的对面正中

间吗？颜色会不会轻浮了些呢？用红布条恰当吗？

会场布置有各种不同的办法、不同的表达。重要的是把钱花在刀口上的包装是让会议或展览或活动达到生命力的手段。

礼品

①贵宾、与会者、记者的礼品一样吗？有时候一双精美的筷子比一个很贵的景泰蓝更能表达地主的用心和纪念性。

②大会资料袋、出席证的设计也是一种大会礼品的巧妙设计。

节目旅游规划

①配合大会的主题及整个CI，协助开闭幕典礼、晚宴的适当规划，其中有主题晚会、联欢晚会等形式参考。

②主题性的旅游会使与会者或是其家属感到地主国的热情。交通的状况、景点的安排，甚至是保险都需要巨细靡遗。

参考资料：http://www.haolaba.com/hangzhou/huizhan/13068123.html

 复习思考题

一、名词解释

会议旅游

二、简答题

1. 会议旅游的特点主要有哪些？
2. 我国会议旅游有怎样的发展趋势？
3. 为什么说国际会议旅游已迈向成熟阶段？

三、论述题

1. 请以小组为单位，根据会议旅游运作的流程，设计完成某一主题会议旅游的策划方案，要求必须具有创新性和可操作性

2. 根据各小组会议旅游策划方案成果展示，分别对每一策划方案提出改进建议。

项目三　展览旅游

> **学习目标**

知识目标
1. 了解展览旅游起源、历史
2. 熟悉展览旅游的概念与特点、分类
3. 掌握展览旅游的发展条件与参与主体

技能目标
1. 基本具备展览旅游的策划能力
2. 熟悉展览旅游的运作管理业务

> 导入案例

德国汉诺威国际信息及通信技术博览会

德国汉诺威国际信息及通信技术博览会(又称 CeBIT - 汉诺威电子消费品展)是世界上规模最大、最具影响力的国际IT领域高科技品牌展会,由德国汉诺威展览公司主办。CeBIT源于1947年在德国汉诺威创立的汉诺威工业博览会(HANNOVER FAIR),该展会旨在向国际市场展示和输出德国产品。1986年,CeBIT从汉诺威工博会中分离出来并独立成展,当年就吸引了2142家厂商参展,取得非常成功的效果。此后20余年来,CeBIT展会始终保持着持续增长的趋势和业内展会中的领先地位。

2013年CeBIT展会为期5天,共吸引了来自70多个国家和地区的4000多家的企业展示最新的信息通信技术、产品和解决方案。2013年的CeBIT展会依然延续CeBIT 2012划分的四大板块进行展示(见图3.1),即数字商务(CeBIT pro)、数字政务(CeBIT gov)、数字实验室(CeBIT lab)和数字生活(CeBIT life)。CeBIT展继2011年的"云计算"和2012年的"信任管理"之后,2013将展会的主题定为"Shareconomy"(分享型经济)。2013年CeBIT展会,中国有500多家展商参加(见图3.2),参展数量与上届持平,但参展面积达到了8500平方米,比上届8300平方米有小幅上升。展会现场的专业买家数量比上届上涨了20%,非专业买家的比例较往年显著下降。

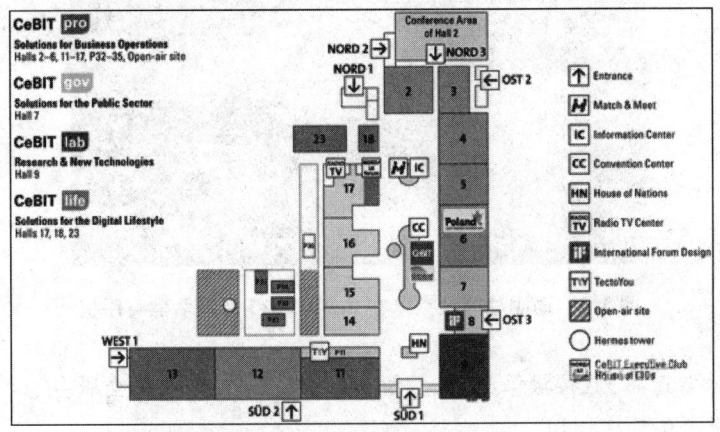

图3.1　CeBIT2013场馆分布地图

图3.2　CeBIT2013中国参展商

展出内容

1.数码设备和体系:电脑及电脑周边产品、企业应用软件、显示技术、存储系统及设备、办公自动化系统及设备、打印机和复印机及其耗材、数码影像。

2.消费电子:数码娱乐及家庭娱乐产品、游戏软件、家用电子(见图3.3)。

图3.3 德国总理默克尔在CeBIT 2013上展示黑莓手机

3.安防类产品：监控摄像机、监控镜头、网络安全、管理安全服务、云安全服务、移动安全服务(见图3.4)。

图3.4 参展者试用手机安全平台

4.通信设备及产品：移动通信设备、远程信息及导航系统、广播、无线及卫星通信、电信及网络服务、固定网络通信系统、网络元器件、网络电脑软件、网络诊断及测量设备。

5.商务应用：文件管理解决方案、商务智能及IT服务、安全系统、卡技术、电子商务。

6. 银行技术及金融:银行设备、金融服务、银行与金融软件应用。

7. 未来科技园区:研究机构、新技术、新企业。

伴随着CeBIT的巨大成功,汉诺威展览公司开始以"全球CeBIT"为口号将此品牌在海外市场推而广之。凭着以客户为导向的展会服务理念和以汉诺威始创为源头的专业展会品牌,汉诺威展览公司帮助客户开拓国际业务,以在充满潜在商机的海外目标市场占据一席之地。在对市场透彻分析的基础上,通过打造全新展会或是移植现有展会,CeBIT理念成功地实现了由理想向现实的飞跃。在CeBIT吸引世界各地高层管理者们会聚汉诺威的同时,全球CeBIT在海外市场发掘出更多其他目标群体,比如中层管理者。1999年,汉诺威展览公司正式决定将CeBIT推向海外,但限制条件是每个被选择的大洲只能推出一个CeBIT子展。促成此项决定的另一个有利因素是,汉诺威展览公司拥有15年在海外办展的丰富经验和专业的展会服务。海外CeBIT包括:在土耳其伊斯坦布尔举办的欧亚信息及通信技术展览会和欧亚广播电视、线缆及卫星展览会;在中国上海举办的亚洲信息及通信技术展览会;在澳大利亚悉尼举办的澳大利亚信息及通信技术展览会。

资料来源:http://baike.baidu.com/view/855573.htm

任务一 展览旅游概述

任务导入

2012韩国丽水世博会简介

2012年5月12日,韩国丽水世博会(英文全称:International Exposition Yeosu Korea 2012,简称:Expo 2012 Yeosu Korea)于大韩民国全罗南道丽水市开幕,并在8月12日闭幕,共计3个月。丽水世博会的主题为"生机勃勃的海洋和海岸",主题蕴含着与人类生存息息相关的海洋未来之方向。并以"绿色世博"、"科技世博"、"设计世博"、"文化世博"为战略,通过文化、艺术等多种形式展示海洋和人类交流的成果(见图3.5),并展现新的海洋市民形象(seatizen)和海洋文化(seavilization)。本次丽水世博会是韩国继1993年举办大田世界博览会后,韩国再次举办由国际展览局(BIE)认证的国际大型综合博览会。

图 3.5 2012 韩国丽水世博会全景效果图

丽水世博会的吉祥物——丽尼和水妮的创作灵感源自鱼类的主要饵料,即维护海洋和海岸的生命根源——浮游生物。吉祥物(见图 3.6)的头发颜色象征美丽的海洋,尤其是深蓝色代表深海里的无穷资源。为更好地与所有参观者交流与沟通,头部的触手能以各种形式变化自如。"丽尼和水妮"这一名称取自"丽水"这两个字,这将有利于提高世博会举办城市的知名度。会徽是代表丽水世博会的象征,是 EI(Expo Identity)系统的核心要素。它将有机形态(红色代表生态系统,蓝色代表海洋,绿色代表环境)抽象化,充分体现了 2012 年丽水世博会的主题——生机勃勃的海洋和海岸。整体圆形设计代表地球,其内部的 3 个动态花纹具有面向未来的象征意义。

图 3.6 丽水世博会的吉祥物

Big-O 是丽水世界博览会的标志性建筑,它以海洋为舞台,既是让游客领悟世博会主题的展示空间,也是大型演出、文艺活动以及多种精彩节目上演的巨大舞台。Big-O 由丽水新港前方 V 字形防波堤和陆地相连接形成,其内侧是一个大型海上展区,外侧是上演多媒体秀等文艺演出的大型海上舞台。世博数字画廊(EDG)位于世博园区中心通道,是在大型 LED 屏幕展示利用高新信息技术制作的精彩内容,以此共享海洋文化。在这一开放式平台,将与参观者进行互动交流,传达人与自然和谐共存的重要价值。天塔是由旧筒仓打造而成的具有艺术象征性的文化空间,是整个世博园区最高的建筑,不仅是在视觉意义上的世博会地标,也是在建筑理念上的世博会地标。原有的水泥筒仓本是一座象征工业时代的储藏库,如今给筒仓赋予"生机勃勃的海洋和海岸"这一丽水世博会主题及价值,使其成为新海洋时代的新范式以及蕴含海洋哲学的世博会地标,打造成蕴含分享、互助、共存的哲学,即海洋哲学的平台。

丽水世博会的愿景提供海洋环境的未来发展方向和新海洋经济模式,应对后京都议定书时代,共同谋求全球性环境问题的解决方案,打造海洋经济基础,创造新的海洋文化。通过海洋资源的可持续利用,推动绿色增长。以阳光地带的南中部地区为中心进行开发,追求城市再生和地区均衡发展。

此次世博会的目标是以寓教于乐的形式传播海洋的价值和重要性,加深人们对海洋的接触和理解,增强人们对海洋的时代使命感,展示人与海洋沟通的非工业时代的新海洋市民(Seatizen)形象,建立人类、海洋和海岸和谐共存的世博会。通过独特的展览风格、富有特色的故事情节和丰富多彩的节目,给参观者永生难忘的体验。跨越种族、文化和知识的壁垒,提供任何人都可以参观、沟通、分享的空间,显现感动和参与的世博会。尖端IT技术和海洋科学技术等多种技术合而为一,体现未来海洋站网、虚拟现实和过去的海洋等立体型体验博览会。为尚未拥有技术的后起国家,展示和共享绿色尖端海洋技术,并提出海洋产业和科学技术的未来发展方向,以使它们创造更好的明天,从而展示高新科技、可体验未来的世博会。通过应对后京都议定书时代的《丽水宣言》,敦促人类加强21世纪海洋的新的国际合作,以及和平利用海洋。通过履行《丽水项目》,积极扶助海洋发展中国家,形成促进国际合作与和平共处的世博会。采取后续利用计划和丽水地区的再生方案,超越成功后续利用的里斯本博览会。世博会结束后,为了使丽水保持海洋科技和产业融合的绿色海洋城市地位,将持续引进海洋尖端研究设施和机构,确保世博会的后续利用。

资料来源:青年报

活动一:展览旅游起源、历史

展览与旅游有着先天性的"血缘"关系,展览要借助旅游设施、旅游资源和旅游服务,旅游则要仰赖展览活动带来的巨大人流及其巨大的消费能量。展览活动在改善静态吸引物及设施吸引力、降低目的地季节性的负面影响上有着其他行业所无法比拟的优势。季节性一直是众多旅游目的地挥之不去的阴影,现在许多地方都通过举办活动的办法来解决这个问题。展览旅游能延长旅游旺季,并使淡季不淡,比如在北方地区,可以在冬季举办相关的展览活动,完全有可能形成新的旅游旺季。何况在旅游市场上还有那么一部分对淡季旅游情有独钟的人,因为淡季有优惠价格,也因为淡季没有了旺季的喧嚣人流。

作为展览与旅游的结合体,展览旅游从20世纪60年代起伴随现代展览业的出现而初露锋芒,经过近半个世纪的发展,不但在各个国家和地区迅猛发展,而且作为"旅游皇冠上的明珠"而备受重视。展览与旅游相互促进、相得益彰,并共同带动当地经济的发展。展览市场的发展需要"3L"环境,即举办展览活动必备的学术氛围(learning)、生活环境(living)以及与这些活动相适应的休闲环境(leisure),而这正是旅游业的所长。有些精心设计的展览本身也能给参观者带来一种体验,一种参观之前所没有的快乐,甚至可能"极化"、"磁化"为一种动机、一种观念。

事实上,展览与旅游的渊源关系可以追溯得更早。现代意义上的旅游活动,在近代工业革命来临时才出现。1841年7月5日,英国人托马斯·库克首次组织了世界上第一个火车包价旅行团,从英国中部的莱斯特前往洛赫伯勒参加禁酒大会,这可以视作近代展览旅游的开端。1851年,英国举办世界上第一个博览会,只有200万人口的伦敦迎来了630万人次的参观者;托马斯·库克组织了16万人参加此次博览会并提供导游服务。1855年,托马斯·库克更组织了50多万英国游客参观巴黎博览会。之后,随着经济的发展、科技的进步、交通的便利、社会的文明特别是观念的解放,原来只是特权阶层和少数富有者享有的旅游迅速演化为大众旅游,作为一个独立的产业蓬勃发展,并在20世纪末跃居为世界上最大的产业。与此同时,商务旅游、展览旅游的数量和规模也不断上升,展览的直接经济效益和间接经济效益、展览的社会效益和连带效益使人们不得不对它刮目相看。现代意义上的展览是要"在最短的时间和最小的空间里,用最少的成本做出最大的生意",因而在展览期间,旅游酒店、餐饮、交通等都会参与接待,旅行社也会向参展者推销旅游线路。展览业会带来旅游业的勃兴,旅游业则是展览活动不可或缺的基础。随着展览对社会经济贡献的日趋突出,展览产业逐渐形成规模,在有些国家和地区甚至已经成为支柱性产业。

展览旅游作为一种新兴的旅游衍生产品,从产品的角度讲属于旅游产品中的商务旅游;从其特征看兼有旅游业和展览业之共性。很多展览的成功举办都与旅游业的参与和所提供的优越服务有关。

"二战"以后,展览旅游随旅游业的发展而迅速发展。在我国,大型展览的举办多在改革开放之后,一批具有接待国际会议功能的旅游饭店也在全国重要旅游地出现。但由于长期以来展览的举办与操作多由政府主持,官商意味十足,酒店、旅行社的参与往往是被动的、缺乏利益驱动的,积极性不高,因而旅游与展览并没真正结合起来。从20世纪90年代后期开始,展览在我国才逐步摆脱了政治接待的模式,逐渐进入商业运作阶段,协会、企业更多地参与了展览的举办,酒店、旅行社也开始更加主动地开展展览营销,以从展览市场获取利润。展览与旅游业都是联动性非常强的产业,它们将所涉及的行业资源进行整合,能形成一种放大效应。

活动二:展览旅游的概念与特点、分类

一、展览旅游的概念

(一)展览

展览是一种古老而特殊的经济交流形式,是指具有一定规模、定期在固定场所举办的、来自不同地区的有组织的聚会。参展商通过物品或图片的展示,集中向观众传达各种信息,实现双向交流,扩大影响,树立形象,达成交易、投资或传授知识、教育观众等目的。展览的名称有很多,如展销会、博览会、博览展销会、贸易洽谈会、交易会、招商会等。在这里面,展览会和博览会是使用频率最高的两个术语。随着经济运行的市场化和国际化,展览会在我国社会经济生活中的影响越来越引起世人关注。现代展览会已经发展成为获取信息、交流沟通的渠道,展览活动现也成为政府宣传、企业营销、品牌培育和城市形象树立的重要工具。

(二)展览旅游

展览旅游是一种旅游活动,从旅游市场角度看,展览旅游是旅游市场中商务旅游市场的组成部分。从旅游供给角度看,展览旅游是指特定机构或企业以组织参与各类展览活动为目的而推出的一种专业旅游产品。展览旅游就是为参展、观展人员提供与展览相关的服务及除展览外的吃、住、行、游、购、娱等旅游服务。从旅游需求角度看,展览旅游是特定个人或群体到特定地方参加各种展览会以及可能附带相关的参观游览及考察活动的一种旅游形式。展览旅游包括参与和展览相关的活动以及除参展、观展外进行的其他旅游活动,如风景游览、城市观光、购物娱乐等。

展览旅游与其他旅游形式的最大区别是,若没有展览,就没有展览旅游。展览的举办是展览旅游的前提条件。但是展览旅游也不等于举办展览活动。只有依托举办地的其他旅游资源,才能将参展商和观展者转化为旅游者,实现展览业与旅游业的对接,这才形成了展览旅游。即参展商或观展者未必都是旅游者,但展览旅游者一定是参展商或观展者。因此展览旅游作为一种特殊的旅游形式,是依附于各种类型展览活动的举办而滋生的新旅游形式,旅游企业在开发这一市场的时候应按照展览的主题和发展变化调整服务内容,如可以安排其与本地同行业的交流或参观访问活动等。展览旅游产品可以是单独的核心旅游产品,也可以是组合旅游产品。

二、展览旅游的特点

(一) 旅游行为的附属性

由于展览会本身的特性,容易引发众多的参展商和观众参加,从而为城市带来大量客源。然而,在实际运作的过程中,具有接待优势的旅行社并不像人们所期望的那样可以大规模地接团,长时间地为参加者提供出行服务和获取较高的回报,因为展览旅游者出行的首要目的是参加或观看展览。他们在满足此目的的前提下才会在展览举办地产生附属性的旅游行为。在达成展览会的目的之后,相当一部分的参展商和观众的整个行程就结束了,部分会对展览举办者所在地的旅游吸引物产生兴趣,从而转变为旅游者。

能否将参展商和观众转化为实际的旅游者,还有赖于当地的举办者是否主动推荐当地的旅游资源,是否按照展览的主题来进行旅游线路设计,当地是否具有优质的旅游吸引物和完善的旅游服务。像花都皮具节所在地狮岭,虽拥有较高知名度,但附近高知名度的旅游资源较少,配套服务也不完善,展览旅游也难以发展起来。

(二) 游客层次的高水平性

根据《中国会展经济发展报告》的相关调查,前往北京、上海、广州参加展览会的参展商和观众的学历总体较高,大学本科及以上的比例连续3年都在70%左右。展览旅游的高学历特点,决定了其对旅游产品和服务的需求表现出不同特征,这部分旅游者消费更加理性,对服务的要求更高。高学历者通常对旅游的需求要更为强烈,对体验、个性化定制的旅游安排兴趣更大。因此,旅游企业必须有针对性地推出相关服务,迎合顾客需求。

(三) 经济效益的显著性

一方面,由于展览旅游者的社会地位相对较高,同时其差旅费用通常由所在企业支付,因此他们对价格的敏感程度低,购买能力较强。另一方面,展览旅游者逗留时间相对较长,一般展览会的持续时间会在3天以上,加上布展和撤展时间,不少参展商需要在举办城市逗留一个星期左右,部分参展商和观众还会在展后安排自己的旅游活动,从而引致更多的旅游消费者。

(四) 旅游影响的广泛性

展览旅游不仅给举办地城市带来显著的经济效益,而且还具有影响广泛的社会效益、政治效益及环境效益等。首先,展览会的举办引发参展商和观众等消费群体的异地流动,不可避免地产生对酒店、交通、餐饮的需求。其次,展后对旅游吸引物有需求,特别是首次来到举办地的参展人员,会借参加展览会的机会游览举办地及周边地区的旅游景观。最后,展览会本身的存在优化了旅游业的产品结构,一些观赏性很强的展览会、博览会等可直接作为旅游吸引物设计到旅游线路中。会展旅游还具有时段不受气候和季节影响的特征,从而消除了观光旅游时段性明显的缺点。会展活动大多数安排在城市的旅游淡季,会展旅游的发展有利于提高城市旅游设施和服务的使用率。会展为城市提供了旅游资源、旅游产品展示的良机,有利于带动城市功能的提升、增加城市的知名度,这些都为旅游业的进一步发展提供了有利的环境。

三、展览旅游的类型

依托展览业发展起来的展览旅游,按照不同的分类标准,可以分为不同的类型。

(一) 按照发展模式分类

1. 以旅行社为核心运营模式的展览旅游

在对参展人员、观展者提供组团旅行服务方面,旅行社具有先天优势,同时长期与境内外各旅游客源地和目的地合作,也使其在客源预测以及对外招徕方面享有优势。因此,目前越来越多的以旅行社业为主导的大型旅游集团以其行业优势和网络优势进入展览旅游市场。

2. 以展览馆为核心运营模式的展览旅游

以展览馆为核心运营模式的展览旅游则是近年来新兴的一类特种旅游,指以展览馆藏品为主要吸引物,以陈列展览和专题展览为主要招徕方式,吸引旅游者前来参观以及由此引起的一切社会关系总和。

(二) 按照规模分类

1. 大型展览旅游

单个展览面积超过 12 000 平方米的为大型展览会。大型展览旅游主要是依托大型展览活动,如世博会这类规模宏大、影响深远的盛会而形成的旅游活动。大型展览旅游涉及的旅游者来自世界各地,人数众多。

2. 中型展览旅游

单个展览面积在 6000～12 000 平方米的为中型展览会。而依靠国家级和省级展览发展起来的展览旅游可以归为中型展览旅游。

3. 小型展览旅游

单个展览面积在 6000 平方米以下的为小型展览会。其他市级或县级的展览相关旅游也可以归为小型展览旅游。

(三) 按照时空性分类

1. 固定展览旅游

固定展览旅游是在固定展览基础上发展起来的,随着固定展览定期、定点的举办,展览旅游也就相对固定下来。这种固定展览旅游可以采取系统开发、深层次开发和全方位营销的手段,发展潜力巨大。

2.临时展览旅游

临时展览旅游就是在临时展览的基础上发展起来的,其具体时间、地点和主题相对并不确定,因此开发起来难度较大。

(四)按照专业性分类

1.专业性展览旅游

专业性展览旅游是在专业展览的基础上发展起来的。目前专业展览是展览业的主流,伴随着国际专业分工的不断深化,一大批专业性展览从综合类博览会中分离出来,成就了展览专业化的滚滚潮流。专业展览旅游针对性强、旅游者素质高。

2.非专业性展览旅游

非专业性展览旅游是在非专业展览的基础上发展起来的,这种面向大众的非专业展览活动已经从传统的静态陈列演变为集博览、商业、生活、游乐于一体的人文活动,可以组织大量社会公众去旅游,保留下来的展览纪念设施可以被开发为旅游吸引物,展览举办地也能被开发为旅游地。

活动三:展览旅游的发展条件与参与主体

一、展览旅游的发展条件

展览旅游的发展是以城市为载体的,一个城市要想成功举办展览活动,需要具备一定的条件。

(一)资源条件

1.完善的展览场馆

展览活动的发展对展览场馆具有极大的依赖性。可以说,展览场馆是影响会展旅游发展的核心要素,兴建现代化的大型展览场馆,才能够招徕规模大、级别高的展览(见图3.7、图3.8)。

图3.7　香港会议展览中心

图3.8　新加坡金沙国际会展中心

2. 丰富的旅游资源

丰富的旅游资源是吸引会展旅游的另一个重要因素,它能使旅游者在参加展览活动的同时得以消遣、休闲、娱乐身心。因此,对一个城市旅游资源的评价成为展览活动选址的一个重要条件。国际上的著名会展旅游城市往往也都是著名的旅游目的地。

3. 高水平的城市形象

雄厚的教育、科技和文化实力(见图3.9、3.10)不仅能为大型展览提供组织、管理方面的专业人才,还能够提供大批高素质的志愿者服务队伍。

图3.9 澳大利亚悉尼歌剧院

图3.10 世界"展会之都"汉诺威

4. 良好的文化氛围

城市形象是旅游竞争的重要武器。发展会展旅游的城市必须拥有独特、鲜明、个性的城市形象,在一定区域范围内享有较高的知名度。

5. 完备的接待条件

发展展览旅游要求城市在一定的时期内能同时容纳大量游客,并能够为参加展览旅游活动的会务人员、商务代表和普通游客提供不同种类、各种档次的接待服务。

(二) 经济条件

1. 雄厚的经济基础

据世界银行提供的资料,全球会展旅游业最发达的10个城市的人均国民生产总值均在1万美元以上,而发展会展旅游的目的地也通常是经济高度发达的国家或城市。经济的快速发展为城市大力发展展览旅游提供了物质保障。

2. 较为成熟的旅游经济

展览旅游的发展,需要以展览举办地较为成熟的旅游经济为背景。旅游业的兴旺发达是办好展览旅游的必备条件。一个城市发达的旅游业会提高城市展览活动的吸引力。

(三) 区位条件

1. 优越的地理位置

优越的地理位置是举办展览活动的必备条件,它可以极大地降低参展商成本并为展会参与人员带来便利。凡是成功的展览举办城市,地理位置都很突出。如新加坡虽然地域狭小,但占据亚洲贸易重要通道,优越的地理位置使其成为亚洲展览旅游的主要目的地。

2. 便捷的交通

展览旅游具有日程安排固定、参加人员多而流动时间集中、活动内容重要不容耽误等特点,这就要求举办城市拥有航空、铁路、公路构建起来的发达交通系统,具备较大的客运吞吐能力,为接待展览旅游活动提供重要条件。

(四) 政策条件

由于展览旅游是一项综合性的产业,其发展涉及许多行业和部门,需要各级政府高度重视,为会展旅游的发展提供良好健康的政治环境,制定有利于展览旅游发展的优惠政策,并在基础设施方面给予政策扶持。因此,发展展览旅游需要政府做出适当合理的导向性政策。

需要注意的是,展览旅游的发展条件很多,但各个要素之间不是相互割裂的,它们相互关联地交织在一起。其中资源要素是基础,经济要素是核心,区位要素是保障,政策要素是支持。只有各个条件要素相互作用,才能发挥协同作用,促进展览旅游的发展。

二、展览旅游的参与主体

展览旅游是由参展或观展为中心环节和除此以外的其他参观考察、旅游、购物、娱乐等项目构成的。展览的主办者虽然举办的是一次展览会,而不是展览旅游,但客观上为人们提供了进行展览旅游的实质性内容。而展览的参展者和参观者的目的是,为了参加展览、交流信息、宣传产品、贸易洽谈,同时他们可以在展览举办地进行其他旅游活动,他们参加展览的整个行程便构成了一次展览旅游。

从展览旅游的全过程来看,可以包括以下参与主体:参展商、参观者、展览会组织者、交通运输供应商、展览服务供应商、住宿餐饮娱乐等供应商、展览场所供应商等。他们的关系如图3.11所示:

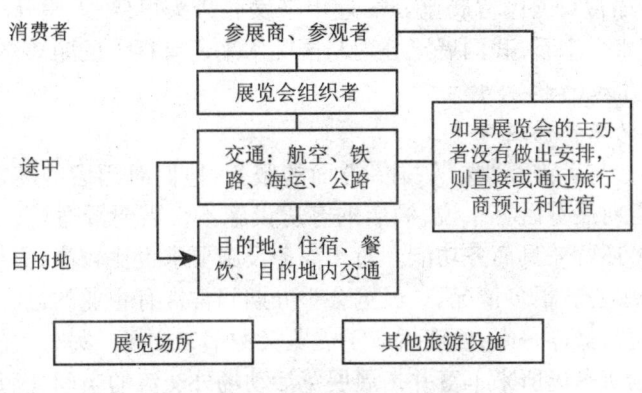

图3.11　展览旅游参与主体关系

（一）展览旅游的消费者

展览旅游的消费者包括展览的参展商与参观者。参展商主要履行的是参展的程序,即:得到展览信息→通过参展说明书与主办方接触→做出参展决定→向主办方预订场地→被介绍给展览服务承包商→按照展览服务手册的规定购买或租赁其他服务和材料,如展位标牌或装修等。而对于参观者来说,有的只是出于参观展览获取信息的目的,有的是作为参展商的买家出现的,他们参观展览是为了获得信息或者获取商机。

（二）展览旅游的组织者

展览组织者是展览运作过程的主要参与者,负责展会的组织、策划、招展和招商等事宜,在展览事务中处于主导地位。我国的展览组织者一般分为主办者和承办者,同时还包括协办单位和支持单位等,它们在法律地位与职责上有明显区别。我国展会的主办者主要包括各级政府及其部门、各类行业商会、协会组织、社会团体组织,而专业性的展览企业或事业单位一般是展览项目的主要承办者。

1. 政府

在我国,展览活动一直是政府促进贸易、投资、技术、文化交流等事业发展的重要手段与载体,我国的展览活动大部分由政府或半官方机构主导。如广州的广交会、北京科博会、深圳高交会等品牌展会都是典型的政府主导型展会。

2. 行业协会

行业协会是同行业企业资源组成的促进行业经济发展的民间组织,它在成熟的展览市场中扮演重要的角色,如欧美的展览旅游市场。为了推动行业的发展,促进协会成员之间的交流与合作,行业协会通常扮演展览组织者的角色。

3. 企业

无论国有企业、民营企业、外资企业还是其他类型企业,参与办展的目的主要是为了赢利。尽管我国民营展览公司近年来发展势头很快,但是从实力、规模、人才与经营管理水平来看,我国展览公司与国际水平还有很大的距离。

(三) 展览旅游的经营商

1. 住宿餐饮服务供应商

展览旅游参与者需要"吃"、"住"方面的服务,他们对酒店的需求体现在商务客房的需求,但对展览游客来说,酒店的客房设施不仅需要舒适性,而且由于展览会的贸易目的,还要兼具商务功能。对于商务设施要求也比较高,需要包括附带会议设施和商务中心。很多情况下,展览会举办期间常常有企业的推介会、新产品发布会等同期举行,这样一来,酒店就成了展览会的第二会场。另外,需要具备餐厅、咖啡厅、娱乐场所等场所来丰富并拓展展览活动场外交流的空间,满足消费休闲设施的需求。

2. 交通服务供应商

旅游离不开交通,"行"是旅游六大要素之一,对于展览旅游也是如此。交通服务供应商提供给参展商的是,往返于展会举办地和展览游客所在地的航空及陆地订票服务,以及在展会举办地的市内用车服务。在展览旅游中的交通运输服务商不包括为展览运送展览物品和展览器材等的运输服务提供者。一般情况下,参加展览旅游的人在出发前都会事先安排好旅游中的交通事宜。特别是参展商,他们往往会由展览活动的组织者安排往返交通,甚至是展览前后或期间的旅游考察交通。若展览主办方没有为参展商安排交通,则要由参展商自己安排交通事宜或者通过旅游中介机构,如旅行社,预订和安排交通事宜。

3. 其他服务供应商

在展览旅游中还有两个重要的要素就是"购"和"娱"。购物和娱乐作为旅游中的重要内容已经越来越得到旅游者的认同。特别是以都市旅游为主的旅游形式里,购物和娱乐尤为重要。展览旅游需要多方面的配合和合作才能顺利进行,其中除了很多可以作为展览旅游主体的部门外,还包括了一些中介组织,如旅行社、票务办理等机构,但最重要的还是旅行社。旅行社在组织旅游、代理票务、预订饭店等方面具有专业优势。

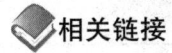 相关链接

国内外部分知名展览介绍

世界博览会

世界博览会(Universal Exposition, World's Fair)，又称国际博览会及万国博览会，简称世博会、世博、万博，是一个具国际规模的集会，是一项由主办国政府委托有关部门举办的有较大影响和悠久历史的国际性博览活动。参展者向世界各国展示当代的文化、科技和产业上正面影响各种生活范畴的成果。

世博会起源于中世纪欧洲商人定期的市集，市集起初只涉及经济贸易。到了19世纪，商界在欧洲地位提升，市集的规模渐渐扩大，商品交易的种类和参与的人员愈来愈多，影响范围愈来愈大，从经济到生活艺术到生活理想哲学等。而到了19世纪20年代，这种具规模的大型市集便称为博览会。

第一届世界博览会1851年在英国伦敦举行。当时英国是最早工业革命的强国，因此英国便计划通过一个大型的展览，以展示其国力及工业生产力。早期的世博会多以大众化的综合博览为主题，如庆祝某个国家成立百周年、法国大革命百年纪念等。到了现代，随着科技的进步，世博会的主题亦趋向某部分专业，去探讨新科技和生活的关系。而且世界博览会的主题，多数以当时的科技成果，来配合当时社会环境的需求。例如，在两次世界大战和冷战期间的世博会，大多是以"和平"、"建设明天"为主题核心；而从20世纪末开始，环境保护的议题即成为了关注的焦点。

鉴于世博会可为主办国带来庞大的产业与经济效益，31个经常参与或举办世博会的国家，在1928年签署国际博览会条约，并成立负责规范管理世博会的国际展览局。

按照国际展览局的规定，世界博览会按性质、规模、展期分为两种(见表3.1)：一种是注册类(也称综合性)世博会，展期通常为6个月，从2000年开始每5年举办一次；另一种是认可类(也称专业性)世博会，展期通常为3个月，在两届注册类世博会之间举办一次。注册类世界博览会不同于一般的贸易促销和经济招商的展览会，是全球最高级别的博览会。认可类博览会分为A1、A2、B1、B2四个级别。A1级是认可类博览会的最高级别。中国申请的1999年昆明世博会属于认可类世博会，2010年上海世博会属于注册类世博会。

表 3.1　历届世界博览会一览表

年份	举办国城市	名称	类型	主题
1851	英国伦敦	伦敦万国工业产品大博览会	综合	万国工业
1855	法国巴黎	巴黎世界工农业和艺术博览会	综合	农业
1867	法国巴黎	第2届巴黎世界博览会	综合	农业
1873	奥地利维也纳	维也纳万国博览会	综合	文化和教育
1876	美国费城	美国独立百年博览会	综合	庆祝美国百年独立
1878	法国巴黎	第三届巴黎世界博览会	综合	农业
1880	澳大利亚墨尔本	万国工农业、制造与艺术博览会	综合	万国工农业
1883	荷兰阿姆斯特丹	阿姆斯特丹国际博览会	专业	园艺
1889	法国巴黎	世界博览会(1889)	综合	法国大革命百年,埃菲尔铁塔落成
1893	美国芝加哥	芝加哥哥伦布纪念博览会	综合	哥伦布发现新大陆四百年
1900	法国巴黎	第五届巴黎世界博览会	综合	世纪回顾
1904	美国圣路易斯	圣路易斯百周年纪念博览会	综合	该市成立百年
1906	意大利米兰	米兰世界博览会	综合	庆祝辛普朗隧道通车
1908	英国伦敦	伦敦世界博览会	综合	工业
1915	美国旧金山	旧金山巴拿马太平洋博览会	综合	庆祝巴拿马运河通航
1926	美国费城	费城建国150周年世界博览会	综合	纪念美国150年
1933	美国芝加哥	芝加哥万国博览会	综合	进步的世纪
1935	比利时布鲁塞尔	布鲁塞尔世界博览会	综合	通过竞争获取和平
1937	法国巴黎	巴黎艺术世界博览会	专业	现代世界艺术和技术
1939	美国纽约	纽约世界博览会	综合	建设明天的世界
1958	比利时布鲁塞尔	布鲁塞尔世界博览会	综合	科学
1962	美国西雅图	西雅图世界博览会	专业	太空时代的人类

续表

年份	举办国城市	名称	类型	主题
1964	美国纽约	纽约世界博览会	综合	通过理解走向和平
1967	加拿大蒙特利尔	加拿大世界博览会	综合	人类与世界
1970	日本大阪	日本万国博览会	综合	人类的进步与和谐
1974	美国斯波坎	世界博览会1974	专业	庆祝明日的清新环境
1975	日本冲绳	冲绳世界海洋博览会	专业	海——充满希望的未来
1982	美国诺克斯维尔	诺克斯维尔世界能源博览会	专业	能源推动世界
1984	美国新奥尔良	路易斯安纳世界博览	专业	河流的世界
1985	日本筑波	筑波世界博览会	专业	居住与环境
1986	加拿大温哥华	温哥华世界运输博览会	专业	世界通联
1988	澳大利亚布里斯本	布里斯本世界博览会	专业	科技时代的休闲生活
1992	意大利热那亚	热那亚世界博览会	专业	哥伦布
1992	西班牙塞维利亚	塞维利亚世界博览会	综合	发现的时代
1993	韩国大田	大田世界博览会	专业	挑战新的发展之路
1998	葡萄牙里斯本	里斯本博览会	专业	海洋
1999	中国昆明	1999年昆明园艺博览会	专业	人与自然——迈向21世纪
2000	德国汉诺威	汉诺威世界博览会	综合	人类
2005	日本爱知	爱知世界博览会	综合	自然的睿智
2006	中国沈阳	2006年沈阳世界园艺博览会	专业	我们与自然和谐共生
2008	西班牙萨拉戈萨	萨拉戈萨世博会	专业	水和持续发展
2010	中国上海	上海世博会	综合	城市,让生活更美好
2011	中国西安	2011年西安世界园艺博览会	专业	天人长安、创意自然
2012	韩国丽水	丽水海洋世博会	专业	天然的海洋及海岸:资源多样性与可持续发展

德国莱比锡博览会

莱比锡地处中欧交通要道,早在中世纪就是东西方贸易中心。1170年开始出现商业性的集市,这便是莱比锡博览会的前身。15世纪,莱比锡博览会已成为欧洲各国商品交换的中心。第二次世界大战期间,博览会的大部分设施被毁,商品交流一度停顿。战后在1946年又恢复举办。莱比锡博览会的展室面积共达35万平方米,每年举办两次;3月份的春季博览会,以工业产品和综合性产品为主;9月份的秋季博览会,重点展出轻工业品和各种消费品。莱比锡还是一个有名的"书城"。早在15世纪初,这里已是德语地区的出版印刷中心。现在,莱比锡已有100多家设备精良的印刷厂,印刷质量举世闻名。在全市60多万居民中,从事印刷业的职工就达二三万人。自1914年以来,莱比锡每年定期举行国际书籍展览会。国际书展在市中心展览大厦举行,世界上很多国家的书商和出版社都云集于此,参加展出。

莱比锡被誉为"博览会之母",是世界上第一个博览会城。莱比锡新博览会区是当前世界最现代化的博览会区,在造型设计上最大限度地满足了参展商和参观者的要求。除了众多的工业博览会外,莱比锡图书博览会尤其著名。同时莱比锡作为地处欧洲中部的博览会城也起着连接中欧及东欧国家贸易的重要职能。

莱比锡最早作为博览帝国而闻名于世,世界上第一届样品博览会(1895年)和第一届技术博览会(1918年)是在莱比锡举行的。博览会在莱比锡也有着悠久的历史和重要的地位。在莱比锡,你可以看到一个这样的标志,两个大写的M重叠在一起,这是"样品展览会"的象征。莱比锡有一个别名——"博览会之城"。

中国进出口商品交易会

中国进出口商品交易会,又称广交会,创办于1957年春季,每年春秋两季在广州举办,迄今已有50多年的历史,是中国目前历史最长、层次最高、规模最大、商品种类最全、到会客商最多、成交效果最好的综合性国际贸易盛会。

广交会拥有过中苏友好大厦、侨光路陈列馆、起义路陈列馆、流花路展馆、琶洲展馆5个展馆,经历了多次搬迁,展馆的变迁和拓展,见证了广交会的兴盛和发展。而1957年,首届和第二届广交会在中苏友好大厦举行,即现在的广州交易会5号馆机械大厅(见图3.12)。当时展馆面积只有1.8万平方米,广交会租用的展出面积约1.4万平方米。

图 3.12　广交会场馆

广交会由 50 个交易团组成,有数千家资信良好、实力雄厚的外贸公司、生产企业、科研院所、外商投资/独资企业、私营企业参展。广交会贸易方式灵活多样,除传统的看样成交外,还举办网上交易会。广交会以出口贸易为主,也做进口生意,还可以开展多种形式的经济技术合作与交流,以及商检、保险、运输、广告、咨询等业务活动。来自世界各地的客商云集广州,互通商情,增进友谊。第一百一十二届中国进出口商品交易会(广交会)已于 2012 年 10 月 15 日至 11 月 4 日在广州举行。

资料来源:http://www.baike.com/

任务二　展览旅游的运作管理

任务导入

德国柏林国际消费类电子产品展览会

德国柏林国际消费类电子产品展览会(International Funkausstellung),简称 IFA,是由德国娱乐和通信电子工业协会(简称 GFU)和柏林展览有限公司(Messe Berlin Gmbh)联合主办的。

IFA 是目前世界上规模和影响力最大的国际视听及消费类电子产品展览会之一,是世界各国消费类电子产品生产商和贸易商聚集和展示新产品、新技术最主要的场地,也是欧洲消费类电子产品的采购商、批发商、零售商了解、采购该领域商品的重要市场。自2008年开始,IFA应国际知名企业的强烈建议,在展出格局上作出了调整。展出领域分为两类:一是消费类电子产品,主要为IFA家用娱乐产品、IFA音视频娱乐产品、IFA个人媒体、IFA公共媒体、IFA通信产品及IFA科技元件区;二是新增展区——白色家用电器电子产品展区,即大、小家电产品。

IFA每年举办一届,于9月上旬在德国首都柏林国际展览中心举办,展期6天。2012年8月31日至9月4日在德国柏林国际展览中心举办(见图3.13)。

图3.13 德国柏林国际展览中心

活动四:展览旅游的策划

一、展览旅游策划的原则

在我国,当前除了个别城市的旅游企业开始介入展览业务外,绝大多数城市的展览业和旅游业都存在脱节现象,展览将参展商、观众推向饭店、景点、旅行社等旅游企业,旅游企业滞后接待、被动受益,旅游部门在整体促销、配套服务等方面远没有发挥出应有的作用。随着展览业规模的不断扩大,旅游业对展览活动的支持作用将表现得越来越明显。展览活动和旅游活动能够而且必须实现有效对接已成为业界的共识。展览旅游策划是顺利开展展览旅游活动的第一步,也是必不可少的一步。所以应该本着严谨认真的态度,严格按照展览旅游的原则和导向来策划。

(一)可操作性原则

展览旅游的策划要从实际情况出发,按照一定的程序,制订出最佳的可行方案,从而实现经济效益、社会效益与环境效益的统一。策划的内容与形式在具有前瞻性与吸引力的同时,不能脱离实际情况,必须具有可实施性,策划方案的实施途径必须切实可行,具备可操作性。

（二）"三赢"原则

展览旅游的策划要想保证主办单位与潜在客户和目标客户之间的双向交流，保证各方得以掌握全面的资料，必须本着"三赢"原则进行。一是保证主办单位能提供优秀的专业服务以获取相应的经济利益；二是保证参展商能达到预期的宣传效果，得到产品收益；三是保证参观者能及时准确地找到所需产品，顺利完成购买任务，同时可以享受到展览旅游的乐趣。这就实现了主办方、卖方与买方的三赢。

（三）协调性原则

会展旅游的策划除了要保证实现主办方、卖方与买方的三赢外，还必须积极遵循国家与当地政府的相关法律法规，考虑多方面的因素，保证展览旅游的良性循环和社会的持续健康协调发展。

（四）市场导向原则

展览旅游的策划不能脱离开市场，因为展览旅游是一种商业活动，所以，策划活动应以市场为导向，即在策划活动时不仅根据市场的需求来进行销售服务，还要在调查现有市场需求与发展趋势基础上找出消费亮点，开发适合市场发展趋势需求的产品和服务，从而引导市场需求与消费。

展览旅游策划应在坚持以上原则的基础上，利用各种宣传手段，营造商业氛围，形成市场声势，并利用各种关系和途径，建立起庞大的网络。与此同时，以专业的展览旅游服务赢得买家和卖家的信赖与支持，使大多数人既能达到参展的目的，又能获得展览旅游的满足感。

二、展览旅游策划的具体流程

就一次展览活动而言，展览旅游的属性是以人为核心来提供各种旅游服务，最终保证参展商、专业观众和外围观众和谐高效地围绕展品信息进行交流。在展览活动管理中，展览业和旅游业在把握客源上各有所长——展览业招徕、维护参展商、专业观众；旅游业擅长外围观众组织，精于各种观光与商务团队的组团旅行以及相关旅游附加值的延伸。

以展览要素异地流动性为联系纽带，展览旅游与展览活动紧密联系，展览旅游的运营模式不能独立于展览活动之外，更不是对展览业的简单延伸。展览旅游的运营可以概括为以人为核心，以展览活动为基础，既为展览活动的旅游属性服务，又进行游、购、娱等外围活动，以及外围观展游客的组织。此外，展览与旅游也能共同提升地方整体形象，并推动展览旅游的发展。

"预则立，不预则废。"好的策划是成功的基石，展览旅游策划就是对展览旅游活动的全过程的计划。在掌握展览旅游原则的基础上，就可以按照一定的程序进行展览旅游的策划，具体来说，分为四个流程：

（一）组建策划团队

在进行展览旅游策划之前，最首要的任务就是组建一支强有力的策划工作小组，制定细致合理的执行手册。此策划团队可以是展览活动的主办者、承办者这些具体组织展览旅游活动的机构或单位，也可以是专门的策划公司。大多数情况下，一次展览旅游的策划工作小组是由活动组织者高层领导人直接领导监督，由各个部门分别派出一到两名清楚本部门工作的人共同组成的。其中，专业策划团队要具有清晰科学的组织结构，注意策划人员的职能分工，充分发挥每个组员的作用。小组成员必须清楚组织者内部各个部门的职能分工，并能依此统筹策划出各个部门在本次会展旅游活动中的分工与协作。只有将每个部门的工作职责、每项工作的预期目标等事先明确列出，才能保证没有无事可做的部门，也没有无人去做的工作，从而使活动得以顺利开展。加强团队合作能力，完善策划人员职业素养、策划理论、策划技能的培训体系，应充分利用网络、通信等现代科学技术并将之作为策划、调研工作的手段，加强市场调查与研究工作，对市场作全面充分的分析后，准确把握市场竞争形势，掌握市场、消费心理的变化趋势及动态，增强策划的准确性。

（二）收集、分析信息

1. 收集信息

展览旅游策划者需要搜集的信息主要包括组织者信息、社会背景信息、产品供需信息等。

（1）组织者信息。主要包括本次活动组织者的性质、规模实力、组织形象等信息。在分析组织者自身信息基础上，策划者才能运用SWOT分析法明确该组织开展本次展览旅游活动的优势和机会所在，找出其劣势及面临的威胁，这样才能在策划中扬长避短，确定具体目标，进行有针对性的策划。

（2）社会背景信息。这是成功策划展览旅游之前极其重要但却常常被忽略的信息，包括政府决策信息、市场信息、活动的协作伙伴信息、传播媒介信息等。

（3）产品供需信息。通过分析本次展览旅游活动中产品的需求情况，可以大致估计出参展商和观展者的数量，为进行展览旅游策划做好准备。

2. 分析信息

在信息收集的基础上进行调查分析，筛选出有用信息是很重要的一个环节。可以运用德尔菲法，请知名专家与策划组成员一起进行资源评价和市场分析。策划者最初得到的信息量较大且无序，只有借助科学的分析方法，将信息筛选、归类和总结，取得由此及彼、由表及里的认识，才能有效地利用信息进行科学的策划。

（三）分析市场运作

运作分析涉及资金筹备、经费预算、资金流向等各个较为具体的方面。因涉及资金，这一环节故而更加重要，一定要根据具体情况进行有效分析，做出可行的最优策划方案。

1. 项目定位

项目定位即为本次展览旅游制定总体战略目标,打造核心吸引力,并详细地对此方案进行可行性研究。必须本着从消费者心理出发谋求定位,针对特定目标市场,充分考虑市场风险和市场潜力原则基础上,结合本项目区位特点,充分发挥区位环境优势。展览旅游的项目定位还要做到以举办展览的方式获利,能促进具有共同兴趣的人员之间的沟通与联络,提高旅游人员对某一具体问题的了解程度,并向特定人士推荐新产品,促进目的地会展旅游业的发展,树立并扩大组织者的影响。

2. 市场分析

市场分析包括总体市场分析、市场细分和确定目标市场三个步骤。首先,应该对市场环境进行综合性分析,包括市场占有率情况、经营环境状况、总体市场规模、用户的需求现状等。目的在于掌握总体的市场化发展水平以及行业市场化进程和地区市场化进程,以便准确获取信息进行策划。其次,根据消费者各方面的属性进行细分,掌握潜在市场的需求,从而确定目标市场,针对目标市场需求策划个性化的产品。

3. 确定主题

主题是一次活动内容的高度概括,是围绕会展旅游活动目标、对整个会展旅游活动的策划与操作起指导和规范作用的中心思想。一次会展旅游活动在具体执行时由若干个项目组成,主题能连接所有具体项目,使之成为一个有机活动整体。

主题对于策划的重要性,决定了策划者在分析目标公众之后,必须精心设计活动的主题,找出活动的最大"卖点"。设计主题时,策划者需要重点考虑策划目标、信息特性、地方特色和公众需求等几个因素。既然主题是目标的概念化,那么主题一定要服从和服务于目标,有了服从和服务于目标的主题,才能使策划不至于无的放矢,不至于与组织的根本目标背离。策划者需要考虑如何使活动组织者打算向目标公众传播的信息拥有自己独特新颖、有别于其他信息的个性特色。根据展览地区的旅游资源特点设计出来的会展旅游主题必定会有吸引力,尤其要注意发挥旅游地传统文化对游客的吸引作用。因为历史的发展使得很多旅游地由于浓厚的历史文化积淀而释放出非常显著的文化吸引力。这种文化积淀所演绎成的旅游地的内在吸引力对游客的影响非常强烈,值得策划者给予高度重视。另外,策划者需要依据目标公众特定的欣赏心理,把握市场脉搏,设计出能够适应、引导、创造消费需求的会展旅游活动主题。

需要注意的是,一次会展活动,最好只有一个主题,这样才能把组织者最想传达的信息最充分地传达给目标公众,才能引起受众群体的关注,并且比较容易记住主题所要表达的信息。另外,至少准备两套初步方案,以备情况有变化时,能够在最短时间里做出相应的应急调整。

展览旅游的项目名称可以根据旅游活动的目的、意义来命名,也可以根据展览的主题或地点来决定,关键是要反映出本次展览活动的内容,突出特色风格。这样,也便于展览游客了解本次展览的内容、目的和特殊,并利于和其他展览区分开来。努力寻求差异化的产品,创造品牌。

(四)拟定策划方案

在完成了以上策划工作之后,紧接着就进入了最为关键的环节,制订策划方案。也就是拟定一份专门针对本次展览旅游活动的详细策划书。展览旅游策划书是整个策划过程最终形成的文件,是经过选择的最优方案所形成的书面材料。一份详细的策划书可以为会展旅游活动提供依据,以确保活动的时间安排、人力配备和资金使用等。具体来说,展览旅游策划书主要内容包括:

1. 背景分析
2. 目的意义
3. 展览地介绍
4. 旅游地介绍
5. 主题活动策划
6. 旅游线路设计
7. 旅游景点介绍
8. 食宿行解决方案
9. 日程安排
10. 费用预算

三、旅行社进入展览旅游市场的策略

(一)公关与宣传

旅行社在进入展览旅游市场时,一方面要加强同参展商的沟通联系,做好客户维系工作,通过建立客户档案,对客源预测、市场促销、后续利用等方面加以引导和支持;另一方面也要加强同政府及饭店、餐饮、交通、娱乐、商品物流业的联系,协调好与这些部门的关系,处理好各种突发情况。

为了能很好地完成以上两个方面的工作,通常旅行社都相当重视展览旅游的公关与宣传——借助展览旅游市场的情况分析,结合对展会组织者和竞争对手的了解,确定本企业的核心目标市场,然后根据展览的进程,就准备期、开幕期、展览期和展后期四个阶段,集中力量进行有针对性的公关与宣传活动。

(二)产品策略

近年来,各类展览的组织者与承办者分工越来越明确,特别是大、中型国际、国内展览活动涉及参加者的吃、住、行、游,需要各方面的密切配合。目前,我国虽然已拥有一定数量的展览公司,但这些公司普遍规模较小,难以胜任繁重的组织、接待工作,其经营水平也难以令人满意。

尤其在展览旅游安排方面,工作人员不熟悉旅游业务,却又往往勉强亲自安排展览过程中参展人员的食、住、行、游、娱、购活动,这不仅降低了展览活动的效率,也降低了参展人员在展会活动中对举办地的满意程度,影响展览活动的整体效果。展览的发展趋势越来越需要专业旅游机构的参与。

旅行社长期以来同交通、饭店、餐饮、景区等相关部门保持着密切的合作关系,因此由它来协调旅游业内的各个部门,为展览提供配套服务,有利于降低展览活动成本并提高工作效率。在进入展览旅游市场时,旅行社的产品策略较之普通观光进行了较大调整,产品从相对固定转向自由灵活。因为展览旅游的目标市场是展览期间的参展商、观众和外围参加者,这些人的整体素质较高,自身协调能力较强,需求多样灵活,所以旅行社主要采取自由组合的产品策略来适应展览旅游的需要,将展览期间的酒店、接送、餐饮等基本服务做成主体产品,将其他配套服务及产品做成可选菜单,由客户根据自己的需要自主选择。

(三)整体促销

由政府牵头、旅行社组织旅游业和展览业相关企业"走出去"宣传促销,也是旅行社进入展览旅游市场的策略之一。鉴于国内展览业的发展现状,要将旅游与展览结合起来作整体促销,必须由政府牵头,旅行社协办,组织会展公司、航空公司、酒店及旅游景点等,形成一支强大的市场促销力量,运用综合促销手段,全方位、立体化地促销。通常采用的促销方式有参加专业交易会、召开新闻发布会、在相关专业媒体上投放广告及派发宣传品等。

由旅行社牵头、相关部门共同出资将展会决策者们"请进来"考察,也是可行的方式。展会决策者包括著名会展组织协会的上层核心人员、会展组织协会的会员及其他买家。有计划地邀请会展决策者们到目的地实地考察,使他们对当地举办大型会展的各种有利因素、会展设施、接待条件、接待能力等有一个感性的认识,引起他们购买的兴趣。

(四)组团服务

在展览旅游的组织接待过程中,旅行社同展览公司分工协作,将展览布置、展览策划等专业安排交由展览公司,旅行社则主要做好旅游组团及相关服务工作。二者实现良好对接,既有利于提高展览旅游的质量和效率,也是旅游企业进入展览市场的策略之一。

实际上,参展团运作时间长,程序复杂。组团过程中,由参展团自己决定活动内容以及联络拜访的重要客户名单,然后将客户联络方式以及拜访要求通知旅行社。旅行社根据该国的交通、地理、礼仪习惯等综合做出时间、顺序的调整,安排细节,向参展团提出建议行程并作最终确认。这样,参展团除了参展外,行程可以跨越十几个城市,平均每天拜访3~4家机构,既有集体活动,亦有分散活动;既可以保证参展的成功,又能够提高参展的附加价值。

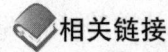相关链接

我国旅行社开发会展旅游市场的有效对策

旅行社业务的主要目的就是有效招徕旅游者,使潜在的旅游者成为现实当中的旅游者。而在会展旅游业当中,旅游者主要来自参展商以及观展者。他们来参加会展,是举办地的一个巨大的潜在市场。如何把这些潜在的市场开发为现实的旅游市场,使这些参展商及其观展者的活动从会展拓展到住宿、餐饮、游览等方面,才是旅行社关注的焦点。

(一)主动出击做好会展的招徕和接待工作

首先旅行社利用在食、住、行、游、娱、购六方面强大的供应和促销网络,配合会展同步宣传,以造声势,并主动出击,承揽会展的组织和接待工作,为会展提供翻译、导游服务。一般说来,接待会展只是较低层次的服务,而招徕组织会议者才是会展的主要收益。由于我国目前缺乏具有雄厚实力的会展公司,一些大型的旅游企业,尤其是旅行社完全可以直接参与到会展的招徕工作当中。另外,我国会展市场长期以来"重展轻会",会议旅游市场开发力度不够,但开发和运作相对容易一些,一些小型的旅行社可以从会议旅游市场着手,不断提高专业化水平,增强实力。

(二)开发具有特色的会展旅游产品

参展商和观展者作为会展旅游当中的潜在旅游者,具有不同于一般旅游者的特点,他们的商业意识强,文化素质高,消费力度大,且时间观念强。他们参加旅游活动,通常有很强的独立性,不愿受人支配,旅游也只是发生在参展之后,只是就近或顺道旅行,追求的是放松、自由自在。因此,旅行社针对这些会展旅游者开发的旅游产品要具有以下几个特点:首先,旅游产品要符合会展旅游者的需求。由于受教育程度比较高,相对于传统的观光旅游,生态旅游、高科技旅游以及一些参与性极强的旅游项目对他们的吸引力就更大些。鉴于会展一般在经济比较发达的大城市举行,可以根据他们商业性极强的特点,推出投资考察游等专项旅游产品。在旅游过程中,旅行社可以安排专业性咨询,提供当地的市场行情、法律法规及经济政策等方面的信息。还可根据这些旅游者独立性极强的特点,旅游产品广泛采取半包价、小包价等多种形式,使会展旅游者根据自身需要,机动灵活地选取相应的旅游产品。此外,在日程安排上,也要以半日游、一日游、二日游这种中、短线游为主,

以配合他们的工作计划。其次，旅游产品要结合当地的文化特色。每种区域文化都具有自身区别于其他文化的特征，因而形成了"一方风物一方人"的鲜明个性。一般说来，会展旅游者文化品位比较高，到异地旅游是想领略异地风情，如果我们在开发旅游资源时把具有地域特点的文化资源弃之不顾，不重视自己的文化结构，急功近利甚至于一味迎合游客心理、流于媚俗的层面上，这实质是对文化资源的一种糟蹋和浪费。最后，会展旅游产品要打破地域界限。由于地理和历史的原因，各个会展城市的形象和存在都有着客观的必然性，而且每个中心都各有其功能和作用。特别是旅游地理、自然资源等方面更是各有千秋，只有众多区域的协作，打破景点之间、部门之间以及区域之间的壁垒，把各方面的人、财、物以及各种旅游要素有效地组织利用起来，会展旅游业才可能更有吸引力。

（三）注重会展旅游产品的宣传促销

加强会展旅游产品的宣传促销，首先就要对会展旅游市场的情况，包括对会展组织者和竞争对手有充分的了解，确定自己的重点目标市场，然后集中力量进行有针对性的促销活动。其次，促销手段多样化。要兼顾传统和新式的促销手段。广告作为一种高度公开的沟通方式，在信息传播上能发挥相当大的作用，它借助电视、广播、报纸、杂志四大媒体，或采取印制宣传手册的方式，不但能促进销售，还能在一定程度上树立企业形象。因此，旅行社应给予充分的重视，针对不同目标市场来选择促销方式和时机。同时也要充分利用现代科学技术所提供的便利条件，在国际互联网上建立中国会展旅游产品网站，通过各种渠道来沟通会展旅游者。需要注意的是，无论采取哪种方式，都要给予财力上的足够支持。最后，要抓好各个时期的宣传工作。一次会展大致分为准备期、开幕期、会展期和会后期几个阶段。每个阶段都有自己的特点，旅行社要进行大量有针对性的宣传，尤其是要抓好准备阶段的工作。

（四）注重公共关系的开拓与维护

一方面，旅行社在进行业务操作时，与饭店业、餐饮业、交通业、娱乐业、商品物流业要不可避免地发生联系。协调好与这些部门的关系，处理好各种突发情况，是旅行社的主要工作之一；另一方面要加强同政府的联系。因为旅行社争取会展，特别是国际性大型会展的举办权时，必须得到政府的支持，而政府无可替代的权威性可以帮助旅行社招徕更多的参展商。但是，若要得到政府的支持，旅行社必须苦练基本功，增强实力，树立起良好的公众形象和声誉。此外，还要加强同参展商的沟通联系，做好客户的维系工作。旅行社可以建立客户档案，对客源预测、市场促销、后续利用等方面，加以引导和支持。

（五）增强自身实力来获得竞争优势

以国外著名展览公司大举进入中国市场为发端，我国的展览旅游市场已经开始面临整合和重组的局面。因此,有意识地组建展览集团,是增强竞争力的有效途径之一。要打破行政区域界限,充分发挥区域辐射能力,加强同国际、国内的横向合作。通过旅行社之间的兼并、收购、联合,进行跨地区、跨部门的战略重组来提高竞争优势。同时,旅行社培育名牌会展也可以提高竞争优势。长期承办一两个会展,并把它们培育成有国际影响力的品牌展,要不断做大做好市场,争取获得"UFI"(国际博览会联盟)的认可。另一种是直接移植品牌。加入世贸组织以后,国际知名展览公司进入中国市场是必然趋势。将国际知名的展览公司的品牌展直接为我所用,不仅可以提高展会的知名度,还可以学到先进的管理方法和经验,加快旅行社会展业务的发展。

(六)加快培养和引进会展旅游人才的进程

在利用现有人才的基础上,要加强会展旅游业人才的选拔、培养和引进,形成一支专业的PCO(会展组织者)队伍,为会展旅游业的发展提供智力保障。一是要加强旅行社内会展在职人员的培训工作,要定期聘请国内外的专家、学者开展有关会展组织设计、经营管理、服务理念方面的讲座,从根本上提高会展旅游业的策划、服务、管理、现场操作水平。二是要加快人才的引进,直接从国外引进精通会展业务、了解中国国情的高层次的会展管理人才,从他们当中吸取先进的会展管理经验,推动旅行社内会展业务的开展。

资料来源:http://www.chinatat.com/new/430_432/2009a8a21_sync7438192549112890022088.shtml

活动五:展览旅游的服务管理

展览旅游的深度发展客观要求展览业和旅游业之间呈现良好的对接状态,其最终标准是旅游业能够全程参与展览活动,介入会前策划、会中服务,以及组织会后旅游。所以旅游企业应该依靠自身长期经营旅游业务所积累的行业优势为展览活动提供所需的相关服务。这需要旅游企业和展览公司进行专业化的分工,展览公司负责展会的招募、宣传、布展及会场内的组织管理。旅游企业应在配套服务上,积极为参展商、观展者提供"吃、住、行、游、购、娱"等一系列服务,其中最典型的就是旅游目的地、旅游景区(景点)、饮食、购物或娱乐场所。具体来说,展览旅游的管理主要包括服务管理、交通管理、游览购物娱乐管理等。

一、餐饮管理

(一)安排餐饮的准备工作

统计参加展览旅游的人数,了解参加展览旅游人员的基本情况,如国籍、宗教信仰、职业、年龄及性别等。

（二）安排餐饮的要求

必须做到安全卫生、规格适中、照顾特殊。具体来说，只有清洁卫生的餐饮才能使展览旅游者吃得放心，吃得满意。所以要严格按照有关食品卫生的要求与规定，在采购、运输、制作各个环节都采取得力措施，确保餐饮安全。另外，展览旅游与一般旅游活动不同，安排餐饮一般需要根据经费预算确定就餐标准，这应当由展览活动的领导机构确定，尽量做到经济实惠。最后，对于展览旅游者中有不同餐饮习惯的少数民族、外宾或个别有特殊餐饮要求的人，要给予特别照顾，尽可能满足他们的需要。

（三）安排餐饮工作的程序

1. 制订餐饮工作的方案

主要应考虑下列内容：早中晚三餐的就餐标准、结合展览旅游活动的作息时间综合考虑就餐时间、根据人的多少安排合适的就餐地点、就餐形式采取同桌合餐制还是个人分食制、就餐人员按照自由组合还是按照一定编组方式进行组合、凭证就餐还是工作人员统一组织就餐等。

2. 预订餐饮公司

在选择餐厅的时候，要着重考虑到餐厅的大小是否能够容纳参加展览旅游活动的就餐人员，餐厅的卫生条件是否达到规定标准，饭菜品种和数量能否满足要求，餐厅与旅游景点或展览活动场地的距离是否适当以及价格是否合理等问题。

3. 统计就餐人数

安排好就餐的重要前提就是准确统计就餐人数。人数偏多造成浪费，偏少则会影响部分参加对象的就餐，从而引起不满。一般来说，统计人数的方法可以根据展览旅游活动签到或者分组统计，最后汇总的形式。

4. 商定最终菜谱

组织部门要在经费预算允许的范围内，与有关餐厅商定一份科学合理的菜谱。尽可能选择一些具有地方特色的饭菜，这样可以让展览旅游者更多地了解当地的风土民情，丰富旅游生活。但在此之前，我们需要熟知参加展览旅游人员的背景，特别是某些大型展览活动中有来自世界各地的旅游者，就餐安排要区别对待，尽可能满足他们的饮食习惯。另外，还有一些展览旅游者在饮食方面有特殊的习惯，必须为他们定制特殊的餐单。

5. 餐前检查工作

在正式就餐之前，要对饭菜质量、份数、卫生状况等情况进行必要的检查，及时发现问题，进行调整，保证细节完美。

6. 用餐服务工作

用餐服务中，包括餐桌布置尽可能从调味瓶到餐巾、桌布及花卉摆设都能迎合展览旅游者的爱好。在安排座位的时候最常用的方法就是自由入座,若组织方面需要保留座位,应当向所有相关人员提前做好说明,并把保留的餐桌和座位用明显的标志区别开来。由于参加就餐的与会者数量很多,组织者也要考虑环境问题,若餐厅中的人数(包括服务员和其他工作人员)超过50人,就要充分考虑室内通风问题。若在就餐服务同时还有其他节目,还需要考虑灯光、照明等问题。

7. 餐后反馈工作

会展旅游者就餐后,工作人员需要注意听取他们对饭菜质量以及餐厅服务态度的意见,以便及时改进服务。

二、住宿管理

(一)安排住宿的要求

在安排展览旅游者住宿的时候,应该做到住处相对集中、距离旅游地近、设备齐全、确保安全、合理分配、规格适中、勤俭节约。具体来说,住处相对集中,有助于旅游活动期间的领导与管理,同时也便于休息时参加对象之间的沟通与交流。一般来说,展览旅游基本安排短线旅游,旅程很少离开展览举办地500公里以上,时间多在24小时之内,一般不会超过48小时,只有少数旅程会在1000公里以上、时间长达一周以上,甚至进行跨国旅游。此时,要考虑到住宿地和旅游景点的距离。参加对象住宿的宾馆饭店除应具备基本的生活设施外,还必须具备良好的消防和安全设施,有专门的保安人员,确保参加对象驻地的安全。在分配房间的时候,职务与身份相同的参加对象住房标准应大体一致,以免引起误会和不满。在展览旅游活动费用中,住宿费用的比重很大,我们要根据展览活动的实际需要来确定宾馆的规格,不可盲目追求高规格,但参加对象有特殊要求的另当别论。另外,需要注意的是,展览旅游者在客房不仅仅要休息,有时候也需要或长或短在房内工作,因此要求客房具备办公条件,如可以随时通过互联网进行对外联系等。

(二)住宿安排工作的程序

1. 制订住宿的工作方案

特别是大型的展览旅游活动住宿安排需要提前制订方案,一般包括所住宾馆的地点、规格、费用、房间分配原则等。

2. 分析参加对象的情况

在预订与分配房间之前,组织者需要仔细分析参加对象的基本情况,如参加对象的年龄、性别、职业、职务、相互关系及生活习惯等。一般来说,应当适当照顾职务较高者、年长者和女性。最好将专业相同或相近的参加对象安排到一间客房,方便他们之间的交流。若参加对象带有随行工作人员,可将他们安排在一起或相邻的房间,便于他们开展工作。

3. 统计住宿人数

可以根据展览旅游活动表、申请表统计大致人数,并据此预算预订的房间数量。在统计完实际报到参加精确人数之后,落实房间和床位。需要注意的是,住宿人数应当包括需要住宿的记者、参加对象的随行人员及会务工作人员。

4. 确定预订房间的数量

预订房间的数量既要考虑参加对象的人数和他们的具体情况,也要根据惯例和服务的实际需要,如有时候会务工作部门需要在宾馆设立值班室或临时办公室。

5. 预订宾馆和房间

除了注意上述几点要求外,还要考虑该宾馆的房间数量是否能容纳展览旅游活动的住宿人员。若需要预订多个宾馆,尽量让它们之间的距离靠近,以便于管理。预订房间要留有一定的余地,在遇到特殊情况时可以随时调剂等。

6. 分发房间钥匙

此项事务一般在与会者抵达旅游目的地时,由会务工作人员和宾馆服务人员共同操作即可。

三、交通管理

展览旅游始于交通行为又终于交通行为。所以,展览旅游交通贯穿了整个展览旅游过程中。无论是参加展览活动,还是展览活动之后的休闲旅游,都离不开交通,展览承办方要对整个活动的交通进行尽可能全面的安排。展览旅游者对于交通的要求集中起来就是安全、快捷、舒适。本着这样的原则,组织方应当提前跟专业的运输公司签订书面合同,随时跟进,避免人为原因导致的延误现象。

四、游览管理

游览管理要考虑参观、游览的目的地是否有足够的接待能力。有些项目或者线路非常有特色,但若当地的接待能力有限的话就有可能被迫取消或改变游览的方式,如分批游览或减少游览时间等。更要了解有关的规定,做好内外有别,如当参加游览的人中包括外国人时,要考虑有的项目是否适宜组织外国人参观,是否存在一定的限制要求等。在设计旅游线路的时候,要充分考虑参加游览的对象的兴趣、擅长和要求。如果参加对象对行程不感兴趣,则组织参观游览就毫无意义。制订详细计划,安排参观游览的线路、具体日程,并准确告知参加对象,让他们做好物质和思想准备。一般来说,大型展览活动安排的旅游活动应该在会议通知、邀请函中加以说明,并列举各条考察观光项目和线路的报价,以便供参加对象选择。

五、购物安排

一般来说,旅游者的购物行为是旅游者个人的行为,作为展览活动的承办者不宜干涉,但是从我国目前的旅游商品和商店情况来看,作为展览承办方还是有必要为旅游者提供一些购物方面的信息,如在展览活动的宣传手册或在参展商指南上推荐一些信誉好、服务好、有特色的旅游商品销售单位或旅游购物商店,为旅游者提供本地购物中心的信息等。

六、娱乐管理

游览和娱乐在旅游中几乎密不可分。这里的娱乐安排是指展览方为参加者提供的表演、晚会等娱乐活动,在安排娱乐节目时,必须仔细考虑这些活动与展览目的以及主办方形象之间的关系。娱乐节目也可以被视为对展览活动参加者的一种额外福利。另外,娱乐活动的成本应该包括在展览活动的预算中,不仅包括演员的报酬,还有旅行、补助、预演、背景音乐等与娱乐节目有关的其他费用。娱乐节目所需要的准备时间取决于娱乐节目的具体类型,以及它与展览主题的关系。通常展览活动的主题和核心理念是由展览方面事先来制定。

活动六:实训

参观考察郑州会展中心,并通过拍摄图片等方式获取资料,仿照展览旅游流程,在班级组织一次展览旅游学习心得讨论会。

☞ 策划方案实例

2012陕西·中华美食节展览旅游策划书

一、活动背景

中华美食自古以来一直是中华文明悠久历史的一种直接体现,同时也是其他国家了解我国的一个重要途径。近几年来,我国的第三产业不断发展壮大,在我国国民经济中所占的比例也逐步增加。但是在饮食行业,由于受到国外的如肯德基等快餐的冲击,以及我国自身饮食行业一些发展漏洞的影响,我国饮食行业发展举步维艰。因而扩大我国具有悠久历史的美食文化的影响力并且形成我国自己的特色美食行业势在必行。此次由陕西省省政府携陕西省旅游局、陕西省文化局以及西安饭庄、西安解放路饺子馆、西安同盛祥饭庄等一系列老字号饭庄共同打造,由西安科技大学倾力设计制作的"2012陕西·中华美食节"便应运而生。众所周知,陕西是我国的一个美食发源地,陕西美食一直受到国内外人们的青睐。但近些年,陕西的一些传统菜系渐渐处于一个没落的状态,所以宣传陕西传统菜系以及著名小吃是此次宣扬中国美食文化的一个非常重要的组成部分。下面,就目前的环境作一分析,以展示此次展览旅游活动的必要性与优越性。

SWOT 分析如下：

(一) S(优势)

陕西菜系历史悠久，可以追溯到 3000 多年以前的西周时期，陕西风味也是中国诸地域风味中的一大风味，具有其他风味不可替代的特色，因而以陕西风味为主的西北风味被列为中国五大风味之一。现在，陕西菜已经超过 1000 种，在全国知名的不下数十种，200 多种被评为陕西名菜；陕西的小吃丰富多彩，特色鲜明，兼东西南北而统收之，已誉驰海内外。2007 年，陕西省政府实施"振兴陕菜名牌工程"，有 31 桌宴席被评为陕西金牌宴，209 种菜肴被评为陕西金牌菜，陕菜正冲出陕西，走向全国，走向世界。

(二) W(劣势)

总体来说，陕西菜虽然有其他菜系的无可替代性且特色鲜明，但也有其自身的缺陷。近年来，由于政府的不重视，以及陕菜本身的发展缺陷，即陕西菜虽种类繁多，但所用材料较少，味道以酸辣咸为主，且缺乏创新，使得陕西菜一直以来都处于一个逐渐没落的阶段，甚至于除了陕西当地的人们外，陕菜已经渐渐淡出了人们的视线。

(三) O(机遇)

政府部门看到了陕菜目前的困境，并对此情况实施了一系列措施以振兴中华美食，振兴陕菜，如陕西省政府实施"振兴陕菜名牌工程"以及此次"2012 陕西·中华美食节"活动等，提高了陕西的知名度，扩大了陕菜的影响范围，让更多的人了解到了陕西饮食文化、陕西菜的独特魅力，为陕西菜打开了一条通往全国、通向世界的道路。

(四) T(挑战)

近年来，由于改革开放，大量外国企业进驻中国餐饮市场，以麦当劳、肯德基为主的快餐市场迅速发展，因其方便快捷而博得了人们的广泛赞誉，尤以青少年为主。陕西传统菜肴在快餐文化的迅速膨胀下，受到了不小的冲击。同时，中国传统的鲁、扬、川、粤、浙、徽、湘、闽八大菜系也是陕菜走向全国的一大挑战。

由以上的 SWOT 分析我们不难看出，陕菜有其自身的独特优势，也有其固有的缺陷，有其良好的发展机遇，也有其巨大的挑战。因而，我们希望在此次活动中，可以就发扬陕菜之风，为陕菜的振兴做出一点贡献，促进陕西旅游业乃至于第三产业的蓬勃发展。

二、活动目的及意义

此次"2012 陕西·中华美食节"活动是为了积极响应中国美食节的一次关于美食的展览旅游活动，本次会展旨在振兴陕菜，提升陕菜在全国的知名度，扩大其影响范围，使其成为陕西吸引旅游者的又一大特色，使陕菜走出陕西，步入全球，从而为陕西旅游增添一份有利因素。

三、活动目标及主题

这次陕西美食展览活动将会围绕"魅力陕西·美食荟萃"的主题展开(见图3.14),让人们能够走进陕西,走近陕菜,对陕西的传统菜系有尽可能多地了解,从而知道陕菜,了解陕菜,喜欢陕菜,进而使陕菜走出陕西、走向世界。

图3.14　2012陕西中华美食节海报

四、具体活动设计

活动地点:曲江会展中心

具体时间:2012年10.1~10.3

会展内容:在中国美食节大背景下,展示华夏古都——陕西的地方美食特色。

展示内容:主要包括陕西省传统菜系、著名小吃等。

展示方式:邀请陕西各大老字号饭店名厨现场展示,参展人员现场观赏、品尝等。

活动内容:

1.展位安排

共设300个展位,每个展位6张1.2米长条桌、24把休闲椅、1个220V/5A电源插座、一个垃圾桶。另整个广场配备卫生间4个,水龙头12个,洗手盆及排污装置,大垃圾桶50个,全程保洁、保安免费服务。

2. 活动具体安排

日期	内容	地点	时间
2012年10月1日	文艺节目表演	主会场中心舞台	第一场 10:30～11:30，第二场 13:30～14:30，第三场 16:30～17:30，第四场 19:00～20:00
	陕西名菜、名小吃展销	主会场	全天
	"魅力陕西、美食荟萃"书法展	主会场	全天
	陕西名牌食品展	主会场包装食品馆	全天
	观众品尝、名牌美食评比	主会场名牌美食评比现场	13:30～17:30
	烹制表演		12:00～13:00 14:00～15:00 16:00～17:00
	陕西美食精品展	主会场精品馆	全天
2012年10月2日	文艺节目表演	主会场中心舞台	第一场 10:30～11:30，第二场 13:30～14:30，第三场 16:30～17:30，第四场 19:00～20:00
	陕西名菜、名小吃展销	主会场	全天
	"魅力陕西、美食荟萃"书法展	主会场	全天
	陕西名牌食品展	主会场包装食品馆	全天
	观众品尝、名牌美食评比	主会场名牌美食评比现场	13:30～17:30
	烹制表演		12:00～13:00 14:00～15:00 16:00～17:00
	陕西美食精品展	主会场精品馆	全天
2012年10月3日	文艺节目表演	主会场中心舞台	第一场 10:30～11:30，第二场 13:30～14:30，第三场 16:30～17:30，第四场 19:00～20:00
	陕西名菜、名小吃展销	主会场	全天
	"魅力陕西、美食荟萃"书法展	主会场	全天
	陕西名牌食品展	主会场包装食品馆	全天
	观众品尝、名牌美食评比	主会场名牌美食评比现场	13:30～17:30
	烹制表演		12:00～13:00 14:00～15:00 16:00～17:00
	陕西美食精品展	主会场精品馆	全天

活动内容说明：

此次活动为期3天，每天的展览板块基本相同。在每天的10:30~11:30、13:30~14:30、16:30~17:30、19:00~20:00都会进行文艺节目表演，表演内容多为古式宫廷歌舞表演、现代歌曲演唱以及舞蹈表演等；在主会场，全天展示陕西名菜、名小吃以及包装食品，以供观众品尝、购买；在主会场的"魅力陕西、美食荟萃"书法展，向观众们展现百余种写有此次展览活动主题"魅力陕西、美食荟萃"的书法作品，可供游客们欣赏，有兴趣的旅游者可以购买自己喜欢的作品以作纪念；而每天12:00~13:00、14:00~15:00、16:00~17:00的陕西名菜的烹制表演以及每天13:30~17:30的观众品尝、名牌美食评比活动，将会在会展现场邀请观众品尝、鉴赏美食，以真实地感受代替宣传，让观众体验最具韵味的陕西美食，了解陕西美食的独特魅力。

五、活动支出与收入项目

活动支出：

1. 印制传单及海报费用
2. 场地租赁的费用以及基本设施的租赁费用
3. 制作各书法作品的费用
4. 邀请饭店名厨现场烹制美食的费用
5. 用于品尝的食物的费用（主要部分）
6. 工作人员定制服装的费用等

活动收入：

收入主要为包装食品的售卖收入，书法作品的售卖收入以及各旅游团（者）、旅行社、个人与陕西各老字号饭庄的用餐订单等。

六、活动中应注意的问题及细节

活动细节：

1. 由于此次活动的宣传的主要内容为陕西的美食，所以宣传的场地即环境一定要保证。
2. 传单以及海报的内容一定不要有太多繁杂的文字内容，以免降低宣传的效果。内容一定要能够在很短的时间吸引人们的注意力。
3. 有效地利用现场厨师的亲自示范来提高宣传效应。
4. 通过亲自品尝增加实际销售率及销售订单。

应注意问题：

1. 一定要时刻保持宣传场地的干净、卫生。
2. 注意对顾客所品尝食物的定期更换，但不可浪费食物。
3. 尊重参展人员的个人意愿，不可强行请参展人员品尝。

4.工作人员服务态度良好,认真做好介绍、导向工作。

七、活动负责人及主要参与者

此次活动的主要负责人:西安科技大学

主要参与者:旅游者及专业人士、社会大众

主办单位:陕西旅游局、陕西文化局

承办单位:西安曲江会展中心、西安饭庄、西安解放路饺子馆、西安五一饭店、西安同盛祥饭庄等

资料来源:http://www.docin.com/p-477959773.html? qq-pf-to=pcqq.c2c

 复习思考题

一、名词解释

展览旅游

二、简答题

1.展览旅游的特点主要有哪些?

2.我国展览旅游有什么样的发展条件?

3.展览旅游策划的四大原则是什么?

三、论述题

1.世博游是典型的展览旅游形式,它能拉动当地经济的发展。你对展览旅游的历史了解多少?你能列举出的有名的展览活动有哪些?怎样将这些活动与我们的旅游业联系起来?

2.旅行社应该如何利用展览会的知名度做好展览旅游?

项目四 节事旅游

学习目标

知识目标

1. 了解节事旅游的概念与类型
2. 熟悉节事旅游的特点与意义
3. 掌握节事旅游的形成条件

技能目标

1. 基本具备节事旅游运营的策划能力
2. 熟悉节事旅游的运作管理业务

导入案例

西班牙斗牛节

西班牙是世界上著名的"斗牛王国"。有人说:在西班牙没有不斗牛的节日,也没有不爱看斗牛的地区。近年来每年有5000万外国游客进入西班牙,而他们之中的大多数是奔着看斗牛而来的。

西班牙的斗牛历史悠久,13世纪时便有了斗牛节。现在,西班牙共有大小斗牛场400多个,最大的斗牛场可容纳2万人。每年斗牛次数达5000场以上。斗牛所用之牛是专门喂养的,放养于农村,尽可能要它们少见人。放养时间是4~6年。

斗牛要举行入场式。首先奏乐雄壮奔放乐曲。乐曲声中,斗牛士入场。他们身穿绣花紧身衣、紧腿裤,头戴三角帽。斗牛士一般二十来名,他们的队伍由两名骑士率领绕场一周,向观众致意。之后由主持宣布斗牛开始。

斗牛节浸染西班牙风格,节日活动集斗牛、自由采购、音乐会和即兴演出于一体。如今,每年的五旬节、八月十五日或者丰收季节,为期一周的斗牛节会在尼姆、贝济耶、阿莱斯或塞雷等地如火如荼地进行。最激动人心的时刻,当然是每天17点左右在圆形竞技场中举行的斗牛仪式。

一场斗牛表演要有6头公牛出场,它们的体重在370~500公斤之间。每斗一头牛大约耗时20分钟。每头牛的名字、年龄和体重都由主持向观众进行介绍。更少不了要给观众介绍斗牛士。每当介绍到有名气的斗牛士时,全场会报以雷鸣般的掌声。

一个斗牛士水平的高低,不但要看他挑逗公牛的技术,而且要看他是否有一剑杀死公牛的本领。凡是能一剑结果公牛性命的,主持会当众宣布褒奖斗牛士牛耳一只;如果他的挑逗动作出色,还奖给他牛尾一条。

任务一　节事旅游概述

任务导入

2012年英国伦敦奥运会

2012年伦敦奥运会,即2012年夏季奥林匹克运动会,正式名称为第三十届夏季奥林匹克运动会。2005年7月6日,国际奥委会在新加坡举行的第117次国际奥委会会议上宣布,由英国伦敦主办此次奥运会,这是伦敦第3次主办夏季奥运会。2012年4月18日,在伦敦奥运会开幕倒计时100天时,伦敦奥组委公布口号为"Inspire a generation",翻译中文为"激励一代人"。伦敦奥运会在斯特拉特福德奥林匹克体育场于北京时间7月28日4时整开幕(如图4.1)。8月13日凌晨,第三十届伦敦奥运会圆满闭幕。

图4.1　伦敦碗

伦敦奥运会圆满成功之际,英国文化大臣杰里米·亨特(Jeremy Hunt)将在讲话中提出政府给旅游业"打一剂强心针"的战略。未来数年内,亨特希望看到来英国观光的游客增加450万人,这些游客除了在这里消费20亿英镑,还将创造六万个工作机会。伦敦奥运对旅游业的影响需要从长期的角度考虑,而不是从奥运举办的两个多星期来看。

由英国劳埃德银行集团进行的一项研究关注了从2005年伦敦获得奥运会主办权到2017年为止,奥运会对英国经济所带来的影响,主要研究的是城市建设和旅游业获得的收益。报告认为,到2017年,英国经济从奥运会当中得到的收益总额为165亿英镑。而奥运会结束后5年内得到的收益将占到总收益的1/3,也就是50亿英镑,这主要是因为奥运场馆转为其他用途,以及旅游人数持续上升带来的收益。而且奥运会所带来的"欢乐效应"会让民众情绪高涨,带动消费开支的增长。

奥运会是世界体育界最大的节事活动,奥运会将使举办城市甚至举办国家具有空前的机会将自己展示给全球众多的观众,由此而诞生的奥运经济将对举办城市的经济和社会发展产生举足轻重的影响。下面就让我们来认识节事旅游,从而更好地利用节事旅游活动为家乡做贡献。

资料来源:http://baike.baidu.com/

活动一:节事旅游的概念与类型

一、节事旅游的概念

(一) 节事的概念

"节事"一词源于event,其包含范围极为广泛。广义的节事与我们所说的会展概念相同。狭义的节事不包括展览、会议和奖励旅游,一般使用FSE(Festivals&Special Events)一词,即节庆和特殊事件。也就是说,节事是指在日常生活体验选择之外的休闲、社交或文化等方面的体验机会。所以,我们可以认为节事是面向大众,根据特定主题举行的日常生活体验以外的群体性娱乐休闲活动。

(二) 节事旅游的概念

近年来,内容丰富、影响面广、参与者众的节事活动数量急剧增加,除了种类繁多的各种节日,大型集会、运动会、大型文艺演出、庙会、旅游节庆等纷纷遍地开花。各类大型节事活动已日益成为各国各地区旅游发展中的重要吸引因素。

节事旅游专指以各种节日、盛事的庆祝和举办为核心吸引力的一种特殊旅游形式。1984年,雷奇(Ritchie)首次给出了节事旅游的定义——从长远或短期目的出发,一次性或重复举办的、延续时间较短、主要目的在于加强外界对于旅游目的地的认同、增强其吸引力、提高其经济收入的活动。

节事旅游的概念可以表述为:非定居者出于参加节庆和特殊事件的目的而引

发的旅游活动。它属于旅游活动中的专项或特种旅游活动。这种旅游活动能提供给游客参与体验地域文化、认知社会特点、感受娱乐真谛的机会,也是一种公共的、具有明确主题和娱乐内涵的活动。

节事是节事旅游的动因,但并非所有的节事都会带来巨大的旅游效应,只有那些具有一定规模和影响力的节事才能够成为旅游吸引物。这些节事通过规律性主办,或者规模大到足以引发值得关注的游客空间流动,才催生了这种新兴的旅游形式——节事旅游。因此,节事旅游从供给者来说,是一种以节事活动为吸引物的旅游形式,从市场角度来看,是节事活动引发的旅游效应。

二、节事旅游的类型

(一) 按照节事活动出现的起源、功能分类

按照节事活动的起源、功能,可以将节事旅游分为传统民俗类节事旅游和现代商业类节事旅游。

1. 传统民俗类节事旅游

传统民俗类节事是指那些在历史发展过程中长期积淀形成的,能够全面、集中、形象地体现出民族的共同心理、性格特征、价值观念等的周期性节事。这类节事活动往往蕴含着美丽的传说和独特的风俗民情,吸引游客前来体验。例如,元宵观灯、清明戴柳、中秋赏月、重阳登高、年节守岁等。

2. 现代商业类节事旅游

现代商业类节事活动是各城市、地区和企业根据各自的资源和实际情况,人为策划举办的带有地方民族文化氛围的活动。如大连国际服装节、上海旅游节等。由于现代商业类节事旅游具有强大的经济功能,所以它往往与举办地的城市品牌紧密相连,极大地影响和提升一个地区的经济发展,成为该地区招商引资、提升地区综合竞争力的重要手段和途径。

(二) 按照节事活动的主题分类

按照节事活动的主题,可以将节事旅游分为以下七类:

1. 综合类

以综合为主题的节事活动,一般均依托一到两个主题进行综合展示。目前,我国许多城市举办的节庆都是多个会展的组合,形成节会并举的节事文化现象,即"文化搭台,经济唱戏"。

2. 文化类

以文化为主题的节事活动,一般均以举办地独特的文化现象为承载,以此打造城市形象,如山西运城的关帝节、河南黄帝故里拜祖大典、福建的湄州妈祖节。

3. 体育类

以体育为主题的节事活动,一般以举办地举办的体育赛事为主题。例如,几千

年传承的中国端午龙舟竞渡,已成为中国人标志性的节日;还有国际马拉松赛事,也已成为此类赛事的名牌,每当赛事举行,都会引来如潮的人海。类似节日还有中国少数民族的一些传统体育节目,如傈僳族人民一年一度的"刀杆节"。

4. 商贸类

以商贸为主题的节事活动,一般以举办地最有代表性的行业、特产为主打品牌,如青岛啤酒节,以著名的青岛啤酒作为节日的主题。类似的节日还有洛阳的中国牡丹花会等。

5. 民俗类

以民俗为主题的节事活动,一般以举办地独特的民族风情为主题。例如,壮族的"歌节",壮族地区素有"歌海"的美誉,歌节是壮族聚会唱歌的一种传统习俗,早在宋代就已流行。

6. 宗教类

以宗教为主题的节事活动,一般以举办地的著名宗教文化为依托,如陕西的法门寺佛祖文化节等。

7. 自然景观类

以自然景观为主题的节事活动。一般以举办地的著名景观为主题,如陕西华山国际旅游登山节,即以闻名天下的华山为依托,类似的还有桂林山水节等。

活动二:节事旅游的特点与意义

一、节事旅游的特点

节事旅游是一种比较特殊的旅游类型。跟一般的旅游活动类别相比,节事旅游有其明显的特点。

(一) 地方性

节事活动带有明显的地方色彩,它们的起源、发展都和某个历史阶段当地的自然、人文、经济、发展环境有关。往往成为某地形象的象征事物。事实上,这也正是节事旅游吸引众多游客的根本所在。因而它的存在有赖于其他资源与环境要素的陪衬和协调,各地的节事旅游活动总是在不断挖掘本地本民族特色的基础上推陈出新。

(二) 文化性

与其他会展活动相比,节事的文化性更明显。不管是节事的表象还是内涵,无不与文化相关。节事活动总是以一地的文化底蕴为依托,有了文化内涵,节事活动才有它的生命力。节事的举办基础就是文化,节事活动也充分体现了举办地的文化特色和文化内涵。现代的节事旅游活动经常双剑合璧,以"文化搭台,经济唱戏"的形式出现,如宁波国际服装节、伦敦诺丁山狂欢节等。

(三) 传统性

节事旅游活动是一种形式相对稳定的文化活动,虽然各类节事也会在不断吸收优秀文明的基础上有所变革,但许多活动固定化的程序与习惯往往留存下来并不断传承。如中国人过端午节总会赛龙舟、过元宵节赏灯会,尽管时代变迁、科技进步,但人们还是没有放弃这种习惯做法。

(四) 参与性

与传统旅游中把人排斥在旅游吸引物之外不同,节事旅游往往是成千上万人扶老携幼、结伴前往的那种普天同庆、万民同乐的场景。节事旅游的魅力就在于人们聚集在一起,身临其境感受其间的节事气氛,大众性是节事旅游的前提,也是节事的重要特点之一,如果所举办的节事旅游不具备大众色彩,其效果及影响力就无从谈起。节事是对社会大众开放的,在所有的会展旅游中,其参与面最广。

(五) 经济性

从本质上讲,节庆活动也是一种经济活动,良好的经济效益和市场效果是节事活动受到关注并不断发展的重要原因。节事产生的大量需求能刺激消费,其大量人群流动与会集所产生的需求可以带动当地经济发展,所以经济性是节事旅游的一个重要特征。

二、节事旅游的意义

城市旅游业发展的一个重要目标就是实现其可持续发展。城市开展内容丰富的旅游节事活动,促进了城市旅游的可持续发展,这主要表现在增加城市旅游吸引物,丰富城市旅游资源,带动城市旅游支持系统的完善,促进旅游产品的升级,增强城市经济可持续发展等。

(一) 丰富城市旅游吸引物

节事活动本身就是一种旅游吸引物,构成了城市旅游吸引物的一部分。由于动态特性、暂时性的节事活动能在短时间内形成巨大的轰动效应,扩大了旅游者对信息的感知,从而促使旅游者做出旅游决策。节事活动的主题鲜明,再加上举办内容的连续性和周期性,可以增加目的地整体吸引力和游客满意度,为旅游目的地带来持续的客流。由于旅游业容易受季节的影响,因此旅游地有明显的淡旺季。而旅游节事与当地文化紧密结合,受季节性的影响较小。其举办的灵活性、动态性满足了当前旅游者趋向参与、体验的旅游需求。节事活动丰富了城市旅游资源,实现了城市旅游资源的动静结合。同时,节事活动的举办,会给举办城市留下许多有纪念意义的"遗址",这些"遗产"也丰富了城市旅游资源。

(二)促进城市旅游产品的升级

节事活动前应依据节事活动的主题,设计开发具有本地特色的旅游产品。节事活动中的各种赛事、展销,即是这些文化旅游、科技旅游、民俗旅游等旅游产品的完善和升级过程。节事活动结束之后还可以利用节事活动的影响,发挥设施资源、人文资源、环境资源等优势,发展会展旅游、商务旅游等旅游产品,促进相关城市旅游产品的升级。

(三)完善城市基础设施

节事活动在空间上对城市基础设施和旅游服务设施有很大的依赖性。而大型节事活动由于举办的时间相对集中,期间有大量游客参与,这对城市的基础设施和旅游服务设施提出了较高要求。为满足这种需求,节事活动前,举办地城市就必须完善基础设施和旅游服务设施。因此,旅游节庆的举办,为城市旅游基础设施的建设完善提供了很好的发展机遇。

(四)提高旅游服务业水平

旅游服务业的水平,在很大程度上决定着一个城市的旅游发展水平。反过来,旅游业对现代旅游服务业有着很强的拉动作用。节事活动的举办,能促使举办城市的旅游服务水平更上一个台阶。为了展示良好的城市形象,对旅游从业人员进行的礼仪培训,提高了旅游服务人员的素质,带动了旅游服务业水平的全面提高。

(五)拓宽客源市场,增加客源

节事活动在旅游方面最基本和最重要的影响就是吸引旅游者。节事活动短时间的轰动效应,吸引了大量旅游者。节事活动的周期性举办可以增加目的地的整体吸引力,为旅游目的地城市带来持续的客流,并且增加了游客的回游量。大众旅游容易受季节性影响,使旅游地有明显的淡旺季之分。体育赛事类、博览展会型和商务会议型的节事活动受季节性影响较小,目标客源市场也以专业人士及受兴趣影响的游客为主要受众。节事活动的举办调节了淡旺季结构,增加了淡季的游客量。此外,一些城市举办标志性节事还可以促进旅游市场区域扩展。节事活动的举办强化了主办城市作为旅游目的地的标志性、主办地的旅游形象。对一些潜在旅游者的爱好趋向起到了积极的引导作用。一般特殊的节事活动可以促使旅游需求向举办城市的周边区域扩展,从而直接促进了客源市场的增长。

(六)带动相关产业的发展

节庆经济的产业带动系数为 1:9,其长远效益巨大。节事旅游的发展可以带动交通、旅游、住宿、餐饮、购物等服务业的繁荣,而服务业的发展又为加快发展节事经济创造了条件。节事旅游者的消费行为直接增加了当地居民的收入,扩大了消费需求,刺激了其他产业的发展。旅游节事和城市旅游及其他产业的互动作用加强,极大地带动了相关产业的快速发展。

活动三:节事旅游的形成条件

一、节事旅游形成的资源条件

节事旅游的资源既包括传统意义上的自然、人文旅游资源,也包括能成为节事载体的物质文明和精神文明等潜在的旅游资源,如美食、特产、文化、习俗等。

(一)独特的城市印象

城市印象,即城市在人们心目中的形象。城市形象由城市的多个元素组成,包括居民好客度、城市总体景观以及相关旅游基础设施等。实践证明,只有那些具备独特形象的城市才有可能创造具有一定影响的节事旅游活动。但是,城市形象的创立不是一朝一夕就可以完成的,需要长期的宣传,才能使人们潜移默化地接受并形成对某一城市的认识。

(二)强大的吸引力

节事旅游的节事本身必须具备强大的吸引力,给人以非常好的感知印象,在心理上产生非去不可的愿望。例如,荷兰海牙的国际室内爵士音乐节,对音乐人士具有相当的吸引力。在没有举办之前,人们仅仅知道海牙是国际法庭的所在地。现在,它已成为"世界音乐的天堂",每年吸引70万左右的游客到此一游,并为当地的季节性工人提供了就业机会。

(三)宜人的气候

所谓"宜人的气候",是指人们无须借助任何消寒、避暑的装备和设施,就能保证一切生理过程正常进行的气候条件。伦敦2012奥运会选定在七八月份举办,其中部分原因就是气候专家根据科学研究和分析,认定奥运会在此段时间举行,不会有恶劣的气候现象。

(四)深厚的文化底蕴

稳定的社会秩序和开放、包容的文化传统是节事产业形成和发展不可缺少的条件。一个具有开放意识的地区,往往能随着时代的进步,开展反映各种风格、不同文化传统,包括已有的和新发展的节事活动,实现节事经济产业化。一个有序的社会,能够提供较为稳定的法律、法规和制度保障。一种处于相对稳定状态的文化,有利于吸收优秀文明,使节事活动固定化,同时又在不断创新的文化环境中,顺利实现节事活动的再创新发展。节事活动是以一地的文化底蕴为依托的文化产业。有了文化内涵,节事活动才有它的生命力。

二、节事旅游形成的保障条件

(一) 良好的经济环境

搞节事活动是要用实力说话的,没有一定的经济基础,节事活动是很难维持下去的。任何地区举办旅游节事活动,都是在一定的经济基础上开展的,具体表现在以下三方面:

1. 一定的基础设施条件

节事活动的开展有极大的基础设施依赖性,如果没有较为完整的基础设施条件,一些大型活动,如奥运会、展览会、交易会等,根本不可能举办。基础设施包括饭店住宿、便捷的交通和通信设施、发达的餐饮业等,同时还包括良好的社会化服务体系。

2. 开放的市场化运作的经济体系

封闭的经济体系,会严重制约要素的流动,影响节事活动的形成和发展。节事活动需要招商引资,需要人才的自由流动,需要多家企业单位共同联手操办,如果旅游节事活动市场化运作不成熟,活动资源无法优化配置和整合利用,部分设施可能闲置,达不到效益最大化。

3. 相当的经济发展水平

很多旅游节事活动的受众客源是当地的居民和近区域居民。只有当他们的人均收入达到一定的水平,有相当的消费能力时,才有可能形成对节事产品大量的有效需求。

(二) 便利的交通

节事旅游必然引来大量的人流、物流,城市交通的便利就显得格外重要。我国的香港及东南亚地区的新加坡之所以能成为世界级的会展节事之都,有一个重要因素就是这两个地方都拥有高效、快捷的公共交通系统。

(三) 完善的制度条件

制度条件主要指经济制度的形态、变动规律及相关关系的协调。旅游节事活动的参办组织或个人是在一定的社会政治、文化、经济背景和各种具体的决策、管理、分配制度下参加旅游节事经济活动。在举办过程中,经济制度更多地反映在活动主体的行为规则和行为规范的具体组合上,即经济制度更多地表现为经济资源配置的方式和配置的内容。制度条件主要有如下两点:

1. 高效、开放、创新、竞争、有序、稳定的制度安排

目前我国各地都在争办各种旅游节事活动。作为一项经济活动,追求效益是举办商的共同目标。如果制度不稳定,就会增加节事活动举办的制度成本和制度风险。许多新兴的旅游地区,发展节事旅游热情很高,但活动举办与传统的经济体

制不相适应,如地方政府对活动引资的条件、利润提成问题等都没有相应的规定,又由于市场化运作的观念尚未深入人心,制度变迁与创新安排困难重重,旅游节事活动的地区进入壁垒高。

2. **经济制度对旅游节事活动的许可和支持**

如果经济制度对某些节事活动缺乏必要的许可,则此性质的节事活动不可能形成和发展起来的。任何一类旅游节事活动,如果得不到制度许可,则会转入地下。例如,埃及的"肚皮舞"表演,拉丁美洲地区的"桑巴舞"表演,都是这些国家或地区传统民族艺术和文化对外的展示,是其特色旅游产品。但在世界的许多国家和地区,由于宗教、政治、社会、文化、经济背景的不同,这些具有节事活动特点的行为都得不到制度认可。所以营造一个良好的制度环境,使之容忍和许可各种节事活动的存在,对能发挥本国、本地区优势的新兴节事活动,政府要在制度上提供必要的帮助和鼓励。

活动四:国内外节事旅游的现状与发展趋势

一、中国节事旅游发展概况

(一) 历史渊源

中国作为社会现象的节事历史可以追溯到非常久远,但具有旅游经济影响的节事活动则蓬勃发展于近二十年。在 20 世纪 80 年代中后期,在新兴的休闲需求牵引下,随着地方营销理念的传入,很多地方政府为了促进地方经济,发展旅游业,积极承办或者主导创建了新型的城市节日、庆典活动。

(二) 发展现状

据不完全统计,中国目前节日庆典活动就有 5000 多个。为了旅游促销,很多省市年初就推出年度节事活动手册。很多旅游城市如大连、青岛、宁波等,已经初步形成了标志性的城市节庆,如大连服装节、青岛啤酒节、宁波服装节。不少节事活动具有带动多种文化、会展、休闲节庆活动集群式发展的态势,如大连赏槐会、国际沙雕节、国际马拉松赛、沙滩文化旅游节、青岛海洋节、中国开渔节、中国徐霞客开游节等。

(三) 节事类型

中国节事基本可以概括为六种类型,即文化艺术类(主要包括各种文化节、艺术节、摄影节、戏剧节等)、历史民俗类(包括民族、民俗节事等)、自然生态类(包括自然风光、生态现象等)、运动休闲类(包括群众体育赛事、登山探险、狂欢等)、衣食物产类(包括美食节、服装节、特产和花卉节等)、其他综合类(如"旅游节"等)。

结构比例为历史民俗类占4%,衣食物产类占23%,文化艺术类占19%,自然生态类占17%,体育休闲类占10%,其他综合类占7%。历史民俗、衣食物产和文化艺术类节事共占到中国节事的66%。中国近年的节事旅游大致集中在以下五个领域:①传统节庆活动引发的文化旅游,如雪顿节、伏羲大典等。②大型赛事引发的体育旅游,如奥运会、F1等。③大型展会引发的商务旅游,如世博会、广交会等。④城市庆典引发的都市休闲旅游,如大连服装节、青岛啤酒节、宁波服装节、南宁民歌节等。⑤乡村(景区)节日引发的自然休闲旅游,如众多的桃花节、樱花节、西瓜节等。

(四)举办时间

中国节事活动主要集中在春秋两季举办,围绕"五一"小长假、"十一"黄金周形成节事举办高峰期。这一时间分布折射出中国节事同旅游活动、旅游促销的密切关系。在空间上主要集中在浙江、上海、广东、江苏、北京、山东等沿海和经济发达地区。这些也是中国市场经济活跃、休闲需求旺盛、商务活动频繁的地区。其中,北京、上海、广州等大都市聚集了大量各种类型的节事活动,并且有的已经形成了品牌,此外,这三大城市围绕旅游主题分别举办国际文化旅游节,以及与旅游文化相关的上百个节庆活动。

(五)节事主题

国内节事策划仍处于起步阶段,在节事策划创意方面仍有很大的提升空间。目前国内节事在主题和内容上存在很严重的雷同现象,如全国有几十个"啤酒节"、几十个"茶节"、上百个"桃花节"、"冰雪节"。根据搜集到的有限样本进行分析,中国目前六大竞争性主题是"美食节"、"茶节"、"啤酒节"、"×花节"、"服装节"、"文化旅游节"等。这些节事并不很好地立足当地文化基础,不仅在主题、内容上,甚至在形式上都照抄照搬,全篇一律,缺乏新意,造成了资源的浪费和恶性竞争。

(六)节事运作方式

中国绝大多数节事均采取了政府主办的方式,但随着政府职能的转变,政府大包大揽办节会的方式正面临转变。政府主导、市场运作的组织模式日渐成为主流。这种政府主导、市场运作的模式可分为三级组织架构,即协调机构、执行机构和辅助机构。一般来说,由节事组委会作为临时机构负责节事的全面统筹规划,大型活动办公室作为常设机构负责区域内不同节事发展,有时还设立了特定节事办公室进行特定节事的营销推广工作。执行机构主要由旅游、文化等各相关部门和部分企业组成。辅助机构通常包括了当地的交通、医疗、卫生等部门。这一模式是在中国节事发展中逐渐摸索和发展起来的,是符合中国国情的大型节事组织模式,但在未来的发展中,应该更清晰地界定政府和市场的边界,引入更多相关企业参与节事运作。

二、世界著名节事及重点地区

(一) 概况

与国内节、会、展、演、赛相互融合、彼此不分的情形不同,在国外节事旅游实践中,节庆和展会类特殊事件之间有着相对清晰的分界。节庆的本意是有主题的公众庆典,这个词语有着丰富的传统和内涵。真正的节日是为公众产生的,是为社会群体中有价值的事情所举行的庆祝活动,目的在于培养社会成员的归属感和成就感。在西方社会,很多节庆仍然是立足社区的民间自发活动。一些经过策划的特殊事件,如城市标志性事件,在产生之初就具有强烈的地区营销导向。展会类活动则起源于1851年在英国召开的第一届世界博览会。目前,展会类活动主要集中在德国、法国、意大利、英国等欧洲国家。

随着节事商业价值日益被发掘出来,国外节事的商业运作也受到广泛的重视。在国外已经逐渐形成了一个新兴的、迅速发展的大型活动产业(Event Industry)。各类节事相关的协会提供大型活动的策划、营销、组织管理的培训课程,提供节事影响力的评估报告以及高级管理人才资格认证。围绕节事管理的职业群体正在形成。

(二) 国际著名节事活动

在世界范围内,目前具有国际影响力的节事活动繁多,基本上可以分为以下几个类型:

1. 狂欢类节日

国际范围内以娱乐狂欢为主要内容的节日众多,有一些节日已经享有国际声誉,如巴西狂欢节、威尼斯狂欢节、西班牙奔牛节、法国尼斯狂欢节、巴西里约热内卢狂欢节等。这些活动彰显着强烈的地域风情,已经成为当地重要的旅游吸引物,以西班牙"西红柿节"为例,每年"参战"和"观战"的人数达4万之多。一年一度的慕尼黑啤酒节,被称为最大的民间狂欢节,每年都有超过600万的游客参与庆祝。在举办的两周内,大量的慕尼黑农产品被就地消耗,平均每年超过500万升的啤酒被喝掉。同时该节还拉动了当地的就业,近几年,平均每年吸纳10 000多人为啤酒节工作。

2. 大型体育赛事

世界级的大型体育赛事主要有奥运会、冬奥会、足球世界杯、F1(一级方程式赛车)等,具有区域影响的有欧洲杯、亚运会等。大型体育赛事举办会引发大量的观战旅游者,甚至会对举办地的旅游产品、市场结构乃至旅游目的地形象产生深远的影响。例如,韩国借助1988年首尔奥运会获得了良好的国际声誉。2000年悉尼借助奥运会有力地推动了澳大利亚旅游业的发展,成为奥运旅游战略的典范。围绕2006年足球世界杯,德国也推出了一系列的文化活动。但是,借助大型体育赛事开展节事旅游存在一定的不确定性,高价格、球赛票、赛季以及参赛队的表现都会影响到观战旅游者的决策。此外,在比赛期间,还通常对一般休闲客源有一定量的"挤出",如2002年韩日世界杯比赛期间,赴韩国际旅客不升反降。这一点值得举办地特别注意。

3. 文化艺术节

欧洲、亚洲的一些国家具有悠久的历史和深厚的文化积淀,各类文化艺术节日众多。如英国爱丁堡艺术节、法国巴黎秋季艺术节、法国阿维尼翁艺术节(Festival d'Avignon)、意大利罗维纳歌剧节、奥地利萨尔斯堡音乐节、德国的拜罗伊特艺术节、马来西亚国际伊斯兰文化节、瑞典斯德哥尔摩水节、美国"孟菲斯五月"国际节、法国戛纳电影节等。享有国际声誉的爱丁堡艺术节(Edinburgh Arts Festival)已经举办了60年。它是世界大型综合性艺术节之一,旨在促进欧洲国家间的文化交流,现在已经演变成一个雅俗共赏的艺术盛会。

4. 休闲运动类节事

随着大众健身和极限运动的兴起,一些休闲运动类节事也备受青睐。如以热气球节为例,著名的有日本左贺热气球节、韩国大田国际热气球节、俄罗斯热气球节、英国布里斯托(Bristol)热气球节、美国雷德岩热气球节、美国休斯敦热气球节、斯里兰卡热气球节、法国蒂昂维勒市国际热气球节等。此外,还有各类登高节、赛马节等。

5. 宗教庆典和地方性节庆

随着西方文化的传播,圣诞节几乎成为最被广泛接受的宗教性节日,并且引发了庞大的休闲和旅游消费。一些宗教庆典如伊斯兰教的古尔邦节、印度的昆梅拉节、泰国万佛节等也会在一定的区域和宗教信徒中产生巨大的宗教旅游效应。此外,在多民族的聚集地区和国家,民族文化各具特色,地方性节庆活动也异彩纷呈。节庆活动成为地方文化最佳的表现形式,成为民族文化中最宝贵的一笔文化遗产。

(三)节事活动分布

在世界范围内,具有国际影响力的节事活动主要分布在以下一些地区:

1. 欧洲

英国节事发展历史悠久,文化艺术类节事是英国节事的主要构成部分。到1981年,英国就拥有了200多个艺术类节事活动,1989年的英国官方年鉴提到了400多个艺术类节事。截至2005年,全年有650个专业艺术节在英国举行。其中爱丁堡国际艺术节是世界上最为盛大的艺术节。此外,英国还举办各种体育赛事如温布尔登的网球"四大满贯"锦标赛、谢菲尔德的世界职业台球锦标赛等。德国是世界著名的展会强国。2006年世界杯足球赛是德国的一大盛事。德国政府启动了一系列以世界杯为主题的音乐节、演出等艺术和文化项目,把体育和休闲、旅游结合了起来。

2. 美洲

在1984年美国举办的洛杉矶奥运会之前,美国只有一些零星的节事活动。此次奥运会首开了大型节事商业化运作的先河,对以后美国乃至全球的节事运作影响深远。美国很多节事活动和城市营销、旅游发展等总体规划密切相关。例如1987年在美国旅游协会(TIA)推出的"发现美国:国内旅游营销计划"中就包括了一些知名的节事活动。又如1989年举办了"我爱纽约盛夏节"。此外,在纽约"城市文化公园制度"的要求下,节事活动被作为这一计划的组成部分,以这些遗址公园作为节事举办场地,旨在"让人们的生活重返社区"。目前,美国最著名的节庆活动有传统和体育运动相结合的"玫瑰碗游行"、商业运作最成功的"肯塔基州赛马节(KDF)",以及大众参与广泛的"纽约梅西感恩节"等。

3. 澳大利亚

澳大利亚现存的一些节事多产生于20世纪四五十年代,例如1954年伊丽莎白二世到访活动、1956年墨尔本举办奥运会、1960年举办阿德莱德艺术节。进入20世纪70年代,澳大利亚出现"社区艺术运动",出现了多文化的节日,如第一届Tamworth乡村音乐会、悉尼歌剧院开幕式等。自从1984年美国洛杉矶奥运会开创重大节事商业化运作的模式以后,对澳大利亚节事发展也产生了深远影响。进入20世纪80年代,澳大利亚节事尝试市场化运作并更注重经济效益。到1988年,澳大利亚节事活动得到公共部门的支持,在此之前的大多数体育和文化节事活动均是由志愿者组织和管理的。1982年,澳大利亚布里斯班承办了英联邦运动会、阿德莱德举办了世界一级方程式汽车大奖赛、珀斯举办了美洲杯对抗赛等。在1986年到1996年的十年间,澳大利亚各州围绕节事活动举办权展开了激烈的争夺,作为这种争夺的结果,各州纷纷建立了自己的大型赛事的专门机构,如1985年,西澳大利亚州成立了西澳大利亚节事公司(Eventscorp),1988年昆士兰政府成立了昆士兰节事公司,1991年维多利亚州成立了墨尔本大节事公司,1993年,新南威尔士州成立了新南威尔士特殊活动有限公司,1995年,南澳大利亚成立了澳大利亚大节事公司。这些公司负责把国际、国内的大型节事吸引到本地区来办,进行节事的招标,也参与节事活动的组织和管理。2000年悉尼奥运会的举办,带动了澳大利亚节事活动的兴盛。

4. 亚洲

韩国实施文化、体育、旅游协同发展战略,韩国文化、体育、观光均归由韩国文化观光部统一管理,在体制上保障了文化、体育、旅游节事协同发展。2002年韩国和日本联合举办了"世界杯足球赛",带动了节事活动的开发和举办。目前韩国节事繁多,根据韩国官方网站收录主要节庆活动近200项。主要有庆典、祭礼、传统节日和现代大型活动等类型,如水原排骨节、全州拌饭节等推介韩国饮食特色的,又如时装节、摇滚舞节、演唱会、艺术节、电影节、跆拳道节等彰显现代流行文化的,还有端午节等弘扬传统文化的。其中,釜山国际艺术节、釜山国际电影节、光州泡菜节等享有很高的国际声誉。日本的节庆活动大致可以分为两类,一是侧重传统文化、艺术、宗教的节日(Festivals),二是现代交流、体育、产业的特殊事件(Special Events),如体育比赛、工业博览会等。新加坡是亚洲的会展中心,也是世界著名的旅游目的地。近年,新加坡非常注重旅游目的地的品牌塑造和推广,竭力塑造丰富、多元、精彩的目的地形象,主要的现代节庆活动有新加坡时装节、新加坡美食节、新加坡电影节等。

三、中国节事旅游前景展望

随着未来国际交流和国际合作的加强,世界著名的节事发展历史和运作经验、世界各国发展节事的战略和规划都将为中国节事旅游发展提供宝贵的借鉴。中国的一些节庆活动也在积极寻求国际化的发展。

(一)传统节日牵引文化旅游回归

近年来,东方文明在西方受到追捧增长了中国人的文化自豪感,"韩流"在亚洲的大行其道为中国提供了启示,中韩"端午节"申请非物质文化遗产之争为中国传统文化保护敲响了警钟,文化创意产业的发展为传统节日保护和开发提供了思路。国内专家关于恢复和保护传统节日的呼吁也不绝于耳。2006年的"七夕",就是一个良好的开端。中国的传统节日"七夕"被称作"中国的情人节"加以推广。针对这个传统节日,银川、四川等地都举行大型庆祝活动。有的商家还推出了旅游线路、开发出多种旅游产品。通过赋予传统节日以时代的内涵,牵引市场向传统文化旅游的回归。今后,在经济高速发展的同时,市场对传统文化的需求会日益迫切,与传统节日相关的旅游也将受到市场青睐。

(二)新兴节事旅游市场巨大,不容忽视

随着电子通信、网络等技术发展,彩铃、彩信、动漫、网络游戏成为时尚青年的最爱。由此而开发出的新兴节事活动,如"中国国际动漫节"以及"彩铃唱作先锋大赛"等,也在近年举办地如火如荼。这些节事开展的cosplay大赛、盛装狂欢、彩铃唱作、动漫展示等一系列活动,颇受年轻人喜爱。这些新兴节事内容新颖时尚、参与感强,备受时尚青年的青睐。同时,作为一个新兴产业,也蕴含庞大的商机,在未来有良好的发展空间和发展条件,旅游影响不容忽视。

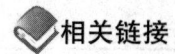
相关链接

世界上著名的节事活动

奥林匹克运动会

奥林匹克运动会(简称奥运会)(Olympic Games)是国际奥林匹克委员会主办的包含多种体育运动项目的国际性运动会,每四年举行一次(见表4.1)。奥林匹克运动会最早起源于古希腊,因举办地在奥林匹亚而得名。古代奥运会从公元前776年到公元394年,共历经293届,后被罗马皇帝狄奥多西一世以邪教活动罪名而废止。1894年在巴黎召开的国际体育会议,根据法国贵族皮埃尔·德·顾拜旦(Pierre de Coubertin)的倡议成立了国际奥委会,并决定恢复奥运会。现代第一届奥运会于1896年在希腊雅典举行,此后在世界各地轮流举行。由于1924年开始设立了冬季奥林匹克运动会,因此奥林匹克运动会习惯上又称为"夏季奥林匹克运动会"。奥林匹克运动会现在已经成为了和平与友谊的象征。

表4.1 历次奥运会主办地点

举办时间	举办地点
第1届1896年	希腊·雅典
第2届1900年	法国·巴黎
第3届1904年	美国·圣路易斯
第4届1908年	英国·伦敦
第5届1912年	瑞典·斯德哥尔摩
第6届1916年	德国·柏林(因"一战"爆发取消)
第7届1920年	比利时·安特卫普
第8届1924年	法国·巴黎
第9届1928年	荷兰·阿姆斯特丹
第10届1932年	美国·洛杉矶
第11届1936年	德国·柏林
第12届1940年	日本·东京(因"二战"取消)
第13届1944年	英国·伦敦(因"二战"取消)
第14届1948年	英国·伦敦

续表

举办时间	举办地点
第15届1952年	芬兰·赫尔辛基
第16届1956年	澳大利亚·墨尔本
第17届1960年	意大利·罗马
第18届1964年	日本·东京
第19届1968年	墨西哥·墨西哥城
第20届1972年	德国·慕尼黑
第21届1976年	加拿大·蒙特利尔
第22届1980年	（前）苏联·莫斯科
第23届1984年	美国·洛杉矶
第24届1988年	韩国·首尔
第25届1992年	西班牙·巴塞罗那
第26届1996年	美国·亚特兰大
第27届2000年	澳大利亚·悉尼
第28届2004年	希腊·雅典
第29届2008年	中国·北京
第30届2012年	英国·伦敦
第31届2016年	巴西·里约热内卢

资料来源：http://baike.baidu.com/

世界杯

世界杯（World Cup，FIFA World Cup），国际足联世界杯，世界足球锦标赛是世界上最高荣誉、最高规格、最高水平的足球比赛，与奥运会并称为全球体育两大顶级赛事，是影响力、转播覆盖率超过奥运会的全球最大体育盛事。世界杯是全球各个国家最梦寐以求的神圣荣耀，哪一支国家足球队能得到它，就是名正言顺的世界第一。整个世界都会为之疯狂沸腾，世界杯上发挥出色的球员都会被该国家奉为民族英雄永载史册，所以它也代表了各个足球运动员的终极梦想。每四年举办一次（见表4.2），任何国际足联会员国（地区）都可以派出代表队报名参加这项人类最伟大赛事。

表 4.2　历届世界杯举办时间及地点

举办时间	举办国家
1930 年	乌拉圭
1934 年	意大利
1938 年	法国
1950 年	巴西
1954 年	瑞士
1958 年	瑞典
1962 年	智利
1966 年	英格兰
1970 年	墨西哥
1974 年	德国
1978 年	阿根廷
1982 年	西班牙
1986 年	墨西哥
1990 年	意大利
1994 年	美国
1998 年	法国
2002 年	韩国、日本
2006 年	德国
2010 年	南非
2014 年	巴西
2018 年	俄罗斯
2022 年	卡塔尔

图 4.2　国际足联世界杯

资料来源:http://baike.baidu.com/

诺丁山狂欢节(Notting Hill Carnival)

西方人热衷于狂欢节,许多国家都有狂欢节。法国的尼斯,德国的科隆,意大利的威尼斯,比利时的班什,加拿大的魁北克,都有狂欢节。最广为人知的可能是巴西里约热内卢的狂欢节,但伦敦的诺丁山狂欢节也非常著名(见图 4.3)。

图 4.3　诺丁山狂欢节盛况

伦敦的狂欢节在每年 8 月的最后一个周末,地点在城区西部的诺丁汉区。伦敦的狂欢节最早起源于 1833 年,那一年英国殖民地加勒比地区废除了奴隶制,特立尼达和多巴哥共和国的人们身着彩艳服装,走上街头狂欢,载歌载舞,热烈庆祝。

一年年延续下来,特立尼达岛(Trinidad)的狂欢遂成为加勒比的重要传统。加勒比狂欢节通常有这些内容:奇装异服、五彩花车、特立尼达传统音乐、传统乐器钢鼓、以巴西桑巴舞为主调的各种节奏强烈、原始野性的舞蹈,近些年更增加了流行乐手,使得狂欢节越来越闹腾。1950年开始,陆续有加勒比移民进入英国;1959年,这些移民在伦敦的圣潘格拉斯进行了自己第一次狂欢。1964年诺丁山地区开始成为狂欢节的大本营,其他各国移民也加入了狂欢节,英国本土人也开始加入。2003年,为庆祝女王在位50年,皇室正式认可诺丁山狂欢节。诺丁山狂欢节也就成为欧洲最大的街道聚会,每年都要吸引大批世界各地的游人(见图4.4),据说有100万以上,为各不同民族展示自己的文化提供了舞台。

图4.4　伦敦诺丁山:夏日狂欢节

资料来源:http://baike.baidu.com/

漯河国际食品节

漯河是河南中部一个因食品工业日益发达而不断成长进步的新兴城市。2005年2月1日,漯河凭借明显的食品产业优势被中国食品工业协会命名为全国首家"中国食品名城"。2008年,全市规模以上食品工业完成增加值164.2亿元,占全市规模以上工业增加值的55.3%,对全市经济增长的贡献率达到33.5%。飞速发展的食品工业使漯河成为全国首家中国食品名城、全国首家农业标准化综合示范市、全国唯一的食品安全信用体系和保证体系建设双试点市、河南省食品工业基地市、河南省无公害食品基地示范市。漯河已成为亚洲最大的肉类加工基地和全国规模较大的粮食加工、饮料生产、果蔬加工基地。

2003年以来,为不断提升并壮大食品工业,漯河市以节会为媒,经贸唱戏,广招客商,连续举办了九届中原食品节,取得了良好的经济社会效益,引起了各级新闻媒体和国内外食品企业的广泛关注。这九届食品节,从无到有,从弱到强,从第一届的400多个展位到第五届的1200个展位,一年比一年规模大,一年比一年水平高,一年比一年效果好。特别是2007年举办的第五届中原食品节被列为第二届中国中部投资贸易博览会的食品分会,得到了国家商务部、中国食品工业协会和河南省政府的高度关注和强力支持,使中原食品节的档次、规模和品牌效应得到进一步提升。正在起步中的中原食品节受到了海内外的广泛关注,也充分肯定了第九届中原食品节取得的成绩,要求漯河再接再厉,做大、做强食品节。

食品博览会是一个平台,也是一张名片,不仅仅加强了漯河食品工业与全国食品行业的交流与合作,同时也有效地扩大了漯河市的知名度和影响力,使"中国食品名城"的称号更加广为人知,"漯河制造"的牌子更加响亮。

中国食品名城漯河,将通过食品博览会这扇窗口,不断演绎中华饮食、文化、经贸与合作的生动传奇。一年一度的食品博览会,已成为漯河展现地域文化、交流饮食理念、拓展经贸关系、促进交流合作的重要平台。

资料来源:http://hn.cnr.cn/xwzx/yw/200808/t20080822_505078090.html

任务二　节事旅游策划与管理

任务导入

2012年开封第30届菊展文化旅游节

2012年10月18日晚,以"菊花的盛会、人民的节日"为主题的中国开封第30届菊花文化节,将在开封市清明上河园举行水上夜景开幕式。会期至11月18日,历时一个月。此外,由河南省政府、中国烹饪协会主办的第22届中国厨师节,也将于10月20日在开封开幕,会期至10月23日。中国厨师节上将推出中原饮食文化论坛、中国厨师节特色美食展、全国名厨烹饪大赛、千鸡宴等14项活动。本届菊花文化节预计菊花布展160万盆。主会场设在龙亭公园,此外在清明上河园、天波杨府等地设立十个分会场,菊花文化节荟萃了文化、旅游、经贸等32项活动。其中,重要活动11项,包括新闻发布会、开幕式暨文艺晚会、国际菊花展、中国菊花插花艺术展、项目推介暨签约仪式、中国收藏文化(开封)论坛系列活动、第22届厨师节、中国开封全国摄影大展、全国咏菊诗歌大奖赛、全国菊花相关商品艺术品展示交易大会、"天下菊花"邮票大全发行活动;专项活动12项,包括会徽、吉祥物、会歌征集活动、"菊花宴"(电视)烹饪大赛、"中国菊花名城"标志揭幕仪式等;经贸活动7项,包括2012开封旅游产品博览会、菊花题材工艺美术精品评选活动、百名苏商开封行活动等;其他活动两项。

每年秋季的开封菊花文化节与每年春季的中国洛阳牡丹文化节,可以说是河南两朵名片花,极大地带动了河南旅游的发展。那么,这样有名气的节事旅游活动可以正常运转,是如何策划出来的?下面就让我们来学习节事旅游的策划与管理。

资料来源:http://www.cnena.com/jieqing/bencandy－html－fid－2－id－360.html

活动五:节事旅游策划

节事旅游的策划应该坚持本着以人为本,充分考虑公众的真实需求,为公众制造一种欢乐的体验和美好的回忆的理念,才能做出特色。

一、节事旅游策划原则

(一)创新性原则

一个成功的节事活动要具备创新性,首先,必须坚持常办常新,这样才能保证节事活动的持久生命力。没有人喜欢年复一年地参加同样的活动,如果没有人喜欢,节事活动就失去市场了。其次,要让每个人都能从中找到乐趣,这样才会激发人们的兴趣,增强节事活动的吸引力。例如,世界闻名的节事活动品牌——迪斯尼就是通过富有诱惑性创新活动来不断吸引群众参与,从而让迪斯尼兴盛至今。

(二)大众化原则

广泛的民众参与是节事活动赖以成功的魅力所在。节事活动的魅力不在于安排多少项活动,而在于有多少大众亲临其境感受其间的人文气氛,节事活动要的就是成千上万人扶老携幼、结伴前往的这种普天同庆、万民同乐的节日气氛。大众性是节庆营销的前提,为此,应该努力改变目前我国许多节事活动带有较强的"官方色彩",改变现场观众"与君同乐"的陪衬状态,体现群众的参与性,如清明上河园的王员外招婿。

(三)长期性原则

所谓长期性,就是能够定期(一年一度或间隔一段时日举办一次)举行,以充分发挥节事活动的长期效应。如果只搞一次,然后就冷却,各种资源不能长效地利用,是不可取的。节事活动应作可持续发展,因为所带动的不是单方面的经济发展,更重要的是整体经济的提高和长远效益的回报。

(四)品牌化原则

对节事活动的策划要贯穿品牌化运营理念,要从品牌定位、品牌塑造、品牌推广、品牌维护等方面着手,把节事活动打造成具有独特个性和超强吸引力的品牌。节事品牌的创立和维护是一个长期的过程,要进行不断投入和创新。同时品牌化的节事活动还可以塑造良好的城市形象。

(五) 市场化原则

节事活动进入市场运作必须遵循市场规律,树立"成本与利润"、"投入与产出"的理念。源源不断的资金是节事活动理念不衰的基础,但是资金来源不能仅限于政府财政投入,应建立"投资—回报"机制,吸引大企业以及媒体的共同参与,形成"以节事养节事"的良性发展模式。

二、节事旅游的策划

(一) 确定节事主题

一个节事旅游的主题是节事策划的源头。开篇好不好,直接关系到节事能否顺利展开,影响到节事的成败。创意是旅游节事活动的最大难点,就是如何从形式到内容,使活动本身和旅游地的核心价值理念完美融合,避免出现活动和旅游地"两张皮"。这就需要我们对旅游地的品牌价值内涵进行系统地梳理和发掘,要根据当地的资源特色,紧扣旅游地的形象定位进行活动主题的创意和确定。

1. 把握当地的地脉、文脉

要梳理旅游地资源,深入研究当地的自然环境、社会经济环境、历史文化和民俗风情,并进一步发掘旅游地价值内涵。要着重思考旅游地最大的特色亮点是什么?举办某个节事活动的支撑点是什么?它能给游客带来哪些独特的感受和体验?

2. 分析市场需求

旅游目的地要分析主要包括人们的文化需求、休闲需求和健康需求等市场需求情况,通过多种方法找出当前游客的心理趋向与偏好,有的放矢地找出他们未被满足的需求,作为"卖点"。

3. 资源优势与市场需求对接

将旅游地的独特的资源优势与当前市场需求合理对接,提炼出一个内涵丰富、特色鲜明,又极具文化张力的活动主题。

(二) 策划节事旅游内容

1. 寻求最佳切入点

节事活动的主题确定后,接下来应该寻求一个最佳的切入点,所谓"切入点"就是用什么东西使游客感兴趣,通过什么形式表现,即策划什么样的活动。活动内容必须与旅游地的资源、旅游主体形象有较强的关联性,如果策划一些与旅游地毫不相干的活动是没有效果的。例如,现在很多北方城市公园在夏季普遍推出"泼水节"活动,没有根植于傣族文化,就会失去其本身的魅力。

2. 策划系列活动

围绕主题从不同的角度切入就可以策划一系列的活动内容,也只有系列化的活动内容才能发挥节事的规模效应和集聚效应。节事旅游内容的系列化运作要结合传统性、文化性、综合性和动态性特点,以形成不同时间尺度、不同规模等级的系列节事活动。活动内容要体现地方文脉,突出文化传统。活动安排应体现文化性(突出文化特色)、经济性(追求经济效益)、技术性(展示相关设备和技术)的结合,并使节事成为文化的重要载体。此外,在活动时间安排上,体现节事活动的动态特点,每日、每周、每月、每季、每年有不同的主题和活动项目。需要注意的是,虽然节事活动需要系列化,但活动内容并非越多越好,假如活动内容的设计过于庞杂,主题过于分散,就会造成旅游地形象模糊不清。比如一个城市,既搞民俗活动,又搞宗教活动,还搞现代娱乐活动,结果造成游客不明白这个城市的形象定位。

3. 创新活动内容项目

节事活动必须常办常新才能保持其持久的生命力,节事活动内容如果总是年复一年的陈俗老套,就会渐渐失去光泽和魅力,逐渐走向枯萎和灭亡。一般来说,一项活动的吸引效应随时间是递减的,即吸引力的边际效用递减规律。一般情况下,同一项目上演三次后就必须有所突破和创新。节事活动在围绕活动主题的前提下,各种活动内容应该稳中有变,既要有保持其特色的传统项目,还要挖掘和创造一些紧跟时代潮流、追随人们意识观念转变轨迹的亮点项目。

(三) 节事旅游营销策划

1. 宣传策划

节事旅游营销是将节事旅游与市场营销结合起来,把市场营销运用到节事旅游中,以节事旅游本身作为核心旅游资源和吸引物,对节事旅游市场进行分析,在此基础上细分节事旅游市场,并选择目标市场,明确目标受众是谁,是一般游客还是旅游中间商。找准宣传点,要考虑节事活动的亮点、特色点在哪里,有哪些新闻点,针对不同的群体强调的侧重点在何处,等等。综合运用各种宣传形式,因为不同的宣传形式发挥的作用也不尽相同,比如新闻主要是吸引公众关注;形象广告用于塑造和提升节事品牌形象;活动广告主要发布活动信息;招商广告侧重于节事的赞助招商;线路广告则侧重于旅游产品的推介,等等。营销人员要根据实际情况综合运用各种宣传方式对节事活动进行多角度的宣传策划。最后还要选择合适的宣传媒体让活动深入人心,节事活动进行宣传时要选择那些符合活动特点、和活动密切相关的媒体;要安排专门人员负责媒体的邀请、组织与接待,并及时跟媒体沟通;要让媒体的宣传作用发挥到极致,要把我们要传播的信息借助媒体及时传达出去,吸引游客前来参与和消费。切实提高旅游地的品牌影响力,当然,强有力的市场传播并非是盲目宣传,而是要强调传播的"有效性"。

2. 销售策划

节事旅游销售的最直接目的就是增加游客量,因此需要与节事旅游策划、宣传紧密结合才能达到最佳效果。节事旅游的销售策划也要从营销组合着手。首先根据目标市场的需求和旅游地资源设计节事产品，可以对现有旅游产品围绕节事主题重新组合，也可以设计专项旅游产品。然后制定价格策略，其中包括节事期间旅游产品的定价，对旅游中间商的优惠价格制定等。理顺销售渠道，将活动内容、节事产品、优惠措施等相关信息及时通告给各旅游中间商。如果旅游中间商能在活动举办前后推销相关的节事产品，必然对节事活动及旅游地的宣传和销售起到非常好的效果。最后还要运用多种促销手段。因为一流的策划，一流的产品，只有加上一流的促销，才能创造一流的效益。节事旅游时间短，产品性质特殊，临时调整难度大，对促销的要求较高。要综合运用公关活动、人员销售、互联网、旅游小册子和活动宣传单等多种促销手段。

活动六：节事旅游运营策划与管理

一、节事旅游主要运作模式

（一）政府包办的模式

政府包办模式曾是一些城市特别是一些小城镇在举办节事活动中，采用较多的运作模式。这种模式的特点是：政府在节事活动的举办过程中身兼数职，扮演着策划、导演、演员等众多角色。节事活动的主要内容由政府决定，活动场地、时间由政府选择，参加单位由政府行政指派。这种运作模式给政府带来很大的财政负担，而节事活动给旅游地、给社会、给当地民众带来的经济效益、社会效益等却大打折扣。

（二）各部委、局及协会主办或与政府、地区联合主办的模式

这种模式是目前许多专题旅游节事活动采用较多的模式，它具有政府包办模式的一些特点，但也在不断地加入市场化运作的一些成分。如桐庐、富春江山水节，提出了"区域联动、行业联合、企业联手、产品联体"合力办节的模式，突出群众参与性，全民办节、全方位联动的方式使山水节成为提升当地旅游业的重要部分。

（三）市场化运作模式

节事活动首先是一种经济活动，举办的重要目的之一就是要获得良好的经济效益和市场效果，因此，不论是节事活动举办的需求还是供给方面，都应当遵循一定的市场规律，把节事活动纳入市场经济的轨道。在节事活动举办过程中，时间地点选择、广告宣传方式等方面完全按照市场的需求来做，可以大大节约成本，避免因行政力量介入时造成的不必要的浪费。此外，可以保证包括参加企事业单位、政府的形象，以及当地带来的其他社会效益收益最大化。

(四) 政府引导、社会参与、市场运作的模式

政府引导、社会参与、市场运作是一种比较适用于中国国情的节事活动运作模式,这种模式显现出来的优越性、带来的效益,正在越来越多地被各方面所认同。这种运作模式的特点是:

政府仍是重要的主办单位,政府引导作用主要体现在确定节事活动的主题及名称,并以政府名义进行召集和对外的宣传。社会参与就是充分调动社会各方面的力量来办好节事活动。社会力量主要体现在:节事活动主题选择时的献计献策,节事环境氛围的营造,各项活动的积极参与等方面。而市场运作则是节事活动的举办过程,交给市场来运作。比如节事活动的冠名权、赞助商、广告宣传等方面,都可以采用市场竞争的方式,激励更多的企事业单位参与。这样做一方面可以为企事业单位扩大知名度,另一方面还可以节省大量开支。

例如,青岛国际啤酒节、哈尔滨冰雪节、中国潍坊风筝节、广州国际美食节、南宁国际民歌节等几个国内著名的大型节事活动就是按照"政府引导、企业参加、市场运作"的模式来运作的。

实践证明,由于我国还处在社会主义初级阶段,尤其是,目前城市节事活动还带有一定的公益性质,完全走市场化运作的模式还行不通。旅游节事活动采取"政府引导、社会参与、市场运作"模式,是比较适合我国大多数旅游地实际情况的。针对节事活动运作涉及部门、行业和企业众多,需要政府对其运作实行整体协调的实际,应该在现有的会展办、大型活动办公室的基础上,建立城市政府的专业节事管理部门,加强对节事活动的宏观管理和指导。同时建立节事专项资金,为节事活动提供公共服务保障,而节事本身的运作则由专业节事公司操作。

二、旅游节事活动的管理与控制

节事活动的管理和控制是一项复杂的系统工程,涉及日常运营、组织管理、财务管理、人员管理等内容,需要各相关部门协同作战。因此,在活动举办前要召开协调会,对所有参与节事活动实施的部门和工作人员进行分工与培训,使每个人都深刻理解活动各环节的重要意义,以保障每个环节的顺利实施。另外,还要建立包括诸如交通、食宿、安全、水电等各方面的后勤保障体系。节事活动的对象是旅游者,旅游者十分重视经历和体验,这就要求后勤保障体系的组织,不仅仅是落实人员、物质,还要落实思想教育和到位的服务。对后勤保障体系的工作应该给予足够的重视。

三、旅游节事活动的评估

旅游节事活动举办后应该对活动效果进行分析和评价,根据活动的目标不同

评价标准也有所差异。但总的来说,对节事活动的评估要从计划执行的偏差、游客量的增加、媒体的报道篇幅与数量、公众的参与度、社会的关注程度、参加者的满意度、资金投入与回报等各方面进行全面分析,从而为以后的活动积累经验。

活动七:实训

选择自己家乡的节事活动,根据所学知识,做一个策划方案。

☞ 策划方案实例

"武夷山——中国情人(旅游)节"策划方案

一、策划创意

农历七月初七,是中国神话传说中牛郎、织女在天上银河鹊桥相会的日子,在风景秀丽的武夷山流淌着一条人间银河——九曲溪,九曲溪两岸流传着玉女和大王美丽动人的坚贞爱情故事。为此作出如下创意:把农历七月初七这一天提炼为"中国情人节",每年的农历七月初七在武夷山举办"武夷山——中国情人(旅游)节"节事活动(见图4.5),围绕"人间银河、武夷九曲"做文章,面向境内外旅游市场,以政府牵头、企业运作的方式组织"情侣"团到武夷山开展一系列精彩有意义的活动,以此促进武夷山旅游市场持续繁荣与发展。

图4.5　武夷山情人旅游节海报

二、活动内容

在武夷山安排为期三天的旅游行程,期间穿插进行四大主题活动:

(1)"鹊桥牵手、情系武夷"活动:在九曲溪畔、玉女峰前搭建概念性鹊桥,举行鹊桥相会仪式,拍摄纪念照。

(2)"天上人间、海誓山盟"活动:在天游峰顶,红豆树下,以月下老人、相思豆、连心锁为题开展活动,并拍摄纪念照。

(3)"知心爱人、浪漫今宵"交谊歌舞联欢晚会:拟请付迪生、任静演唱知心爱人,举办大型交谊舞会,穿插安排当地歌舞以及游客客串节目等。

(4)"九曲逍遥、共渡爱河":月光下漂流在"人间银河,武夷九曲"共享天伦之乐。

三、营销计划

1. 主题口号:七月七,天下有情人相约武夷山。

广告语:新婚燕尔、蜜月之旅;爱人情侣、温馨时光;金婚银婚、山水作证。

2. 组委会统一宣传造势:(1)会徽、吉祥物、纪念品;(2)媒体炒作;(3)制作宣传品:招贴画、折页。

3. 超值服务项目:

(1)组委会推荐酒店,夫妻房布置一新;

(2)免费拍摄纪念照;

(3)免费赠送活动光盘;

(4)景区门票优惠;

(5)赠送吉祥物、纪念品。

4. 媒体宣传。主打媒体由组委会统一安排:中央电视台、旅游卫视、湖南电视台玫瑰之约或东南电视台银河之星、中国旅游报、新浪网等。其他媒体由本市旅行社和客源地旅行社企业化运作。

5. 旅行社网络销售。动员全市旅行社积极参与,发挥全国各大城市旅行社、营业网点的组团力量,由各客源地旅行社与武夷山旅行社互动组团,按市场化运作,统一报价。

6. 整合当地相关产品(如婚礼用品、纪念品、鲜花等)组织展览销售。

资料来源:http://www.wuyishan.gov.cn/Articles/20100804/20100804100646102.html

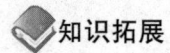知识拓展

河南发展节庆旅游的 SWOT 分析

一、S(优势)

1. 区位明显,交通便利

河南省位于中国中东部、黄河中下游地区,京津唐、长三角、珠三渝城市带之间,是国家南北和东西方向交通大动脉的枢纽要冲,亚欧大陆桥和进出西北六省的门户。独特优越的地理位置,使河南成为国家举足轻重的航空、铁路、公路、水利、通信、管道、能源、物流枢纽,中华腹地国家战略综合交通枢纽。航空方面,河南省内有郑州新郑国际机场、洛阳北郊机场、南阳姜营机场、商丘机场、信阳明港机场五大民用航空机场。国家民航总局将郑州航空港列为全国八大航空枢纽之一,以郑州为基地的航空公司分别为:中国南航、鲲鹏航空、深圳航空。河南省客货运铁路通车里程居全国首位,郑州铁路枢纽是国内交通最为繁忙的客货运国家综合交通枢纽。郑州、商丘、洛阳、南阳、新乡、信阳等都是国家铁路交通十字枢纽。河南公路交通网络发达,京港澳高速、连霍高速、济广高速、大广高速等9条国家高速公路及20余条区域地方高速公路及105、106、107、207、310、311、312等9条国道纵贯河南,郑州、洛阳、商丘、南阳等城市均建有环城高速。截至2011年年底,河南高速公路通车总里程达5142公里,居全国第一位,继续领跑全国。河南水运主要集中在东南部的漯河、周口、驻马店、信阳等地,主要港口有漯河港、淮滨港、固始望岗港、周口港等几大内陆港口。可以说,河南拥有综合的交通运输体系,区位优势十分明显,是全国承东启西、连南贯北的重要交通枢纽。

2. 历史悠久,文化浓郁

河南省是中华民族和华夏文明的重要发祥地。中华民族的人文始祖黄帝诞生在河南新郑,中华文明的起源、文字的发明、城市的形成和国家的建立,都与河南有着密不可分的关系。在五千年中华文明史中,河南作为国家的政治、经济、文化中心长达3000多年,先后有20多个朝代在此建都、200多个皇帝在此执政。中国八大古都河南就有四个,即九朝古都洛阳、七朝古都开封、殷商古都安阳、商都郑州。中国古代四大发明均源自河南。文物古迹众多,全省现有全国重点文物保护单位189处,有记载着人类祖先在中原大地繁衍生息的裴李岗文化遗址、仰韶文化遗址、龙山文化遗址;有"人祖"伏羲太昊陵、黄帝故里和轩辕丘;有最古老的天文台周公测景台;有历史上最早的关隘函谷关、最早的佛教寺院白马寺;有"天下第一名刹"嵩山少林寺和闻名中外的大相国寺,等等。洛阳、开封、安阳、南阳、商丘、郑州、浚县、濮阳是全国历史文化名城。河南如同一座浩瀚的天然历史博物馆,蕴藏了光辉灿烂的历史文化,珍贵而独特。

3. 传统节庆丰富,现代节庆多样

河南节庆旅游起步于20世纪80年代,洛阳在省内率先于1983年创办了牡丹花会,属于我国最早的节庆旅游,吸引无数中外客商与游人前来。从2009年开始,洛阳牡丹花会已经升格为中国洛阳牡丹花会。作为中华民族的发源地,河南节庆旅游活动发展迅速,涉及面广。河南传统节庆和现代节庆丰富多样。现将河南节庆旅游活动梳理如下表:

河南节庆旅游资源

自然景观类	焦作山水国际旅游节、中国鸡公山避暑节、三门峡国际黄河旅游节、小浪底观瀑节、中国洛阳牡丹花会、中国开封菊花花会、郑州月季花会
民俗风情类	岳飞庙会、老子诞辰纪念活动、浚县古庙会、登封中岳庙庙会、轩辕黄帝祭祖庙会、太昊陵庙会、白马寺钟声迎新年、达摩祖师祭奠庙会、开封元宵灯会、开封东京禹王大庙会、郑州城隍庙庙会、新郑九九重阳拜祖节、新郑轩辕黄帝拜祖大典
餐饮物产类	河阴石榴节、新郑枣乡风情游、中牟西瓜节、郑州樱桃节、中国信阳茶叶文化节、灵宝金城果会、中原花博会暨鄢陵生态旅游节、内黄红枣文化节等
特色文化类	关林国际朝圣大典、河洛文化旅游节、国际周易研讨会、殷商文化旅游节、中国炎黄文化节、宋都文化节、宝丰马街书会、杜甫故里诗歌文化节、周口淮阳中华姓氏文化节、濮阳龙文化节、商丘木兰文化节、卫辉"太公文化节"、禹州钧瓷文化节、中华姓氏文化节、盘古文化节、中国许昌三国文化周等
运动休闲类	中国郑州国际少林武术节、嵩山国际登山节、中国温县国际太极拳年会、王屋山国际旅游登山节、洛阳伏牛山滑雪节、巩义雪花洞拍手定情节
博览会展	中国郑州商品交易会、南阳玉雕节暨宝玉石博览会、张仲景医药节、驻马店东西合作交易会、国际制药机械博览会

总体来说,河南的节庆在总数和类型上是相当丰富的,涉及寻根朝拜、民俗旅游、区域文化、生态观光等多个方面。其中"自然景观"、"特色文化"和"民俗风情"所占比重较大。

二、W(劣势)

1. 市场化运作不足

节庆活动的成功举办不仅需要政府的宏观调控,同时也更需要充分发挥市场经济的重要职能。目前,河南省大型节庆活动的举办几乎都由当地政府一手承办,如黄帝故里拜祖大典由郑州市、新郑州市人民政府承办;安阳殷商文化节由安阳市人民政府举办;焦作国际太极拳年会由焦作市人民政府承办等。政府干预过多,在很大程度上较少遵照市场规律,单纯依照行政方式运作。不管是策划设计还是包装宣传、接待宴请等具体业务都由自己操办,而较少考虑由专业公司来承办。政府主导模式虽较为适应河南目前的实际情况,但过分的政府主导变成了政府主干、政府主财,由于单一的行政手段排斥了多元的市场操作,造成节庆活动的运作成本过高,财政负担过重,经济效益不明显等问题。之所以出现这种由政府行为主导节庆旅游的情形,首先是迄今为止,还没有一个真正有实力的策划和运营的专职企业能够单独承办一项大型节庆活动;其次是受"利益驱使"的影响,一些政府为了追求片面的"政绩工程",将原本应该以企业为主导、以市场为发展对象的节庆活动完全包揽起来。因此,在"政府完全主导"的模式下,大型节庆活动的举办一旦离开政府就很难生存。另外,节庆活动在起初阶段的互动参与性程度不高,为了达到预期的效果与收益,他们错误地认为旅游节庆活动应由政府来引导完成。

政府举办节庆活动时确实具有权威的号召力,并且能够有效地调动资金、公共资源等在内的各种资源。但在市场经济的作用和背景下,完全忽视市场机制的调节作用,全权由政府主导、支配节庆活动是一个严重的失误。因为这样不仅极大地限制了企业的生产与发展的积极性,同时也阻碍了节庆活动发挥其应有的主动性。具体表现为:第一,资金的短缺。对于节庆活动,特别是某些大型的旅游节庆活动,其资金的投入是非常巨大的。由于过多地依靠政府,在活动的初期阶段,资金问题能得到暂时的解决。但是随着时间和活动的进一步深入和进行,政府的投资肯定不能满足实际需要。第二,相关旅游企业的参与程度差。由于节庆活动从一开始就单纯依靠政府,使得某些相关企业的参与程度严重不足,甚至是被动地参与其中,往往造成旅游节庆产品质量不高、参与性差、商业形态浓重,从而对受众的吸引力逐渐下降,最终造成旅游节庆的消亡。最后,片面、过多地依靠政府,使得节庆旅游的发展有悖于产品市场发展机制的基本规律。这样不仅缩短了节庆旅游相关产品的竞争力和生命周期,更不利于旅游节庆的长期发展。

2. 节庆文化内涵开发不足

河南各地节庆旅游能否顺利、成功地举办,还取决于某一地独有的文化。文化可以提升节庆的品位,而旅游节庆活动则是保存传统文化的重要手段,城市节庆活动与社会经济文化发展相结合是其生命力所在。目前,河南大多节庆活动的目的都是"文化搭台,经济唱戏",在盲目追求经济效益的同时忽略了文化内涵的挖掘,或者借助文化为经济搭起桥梁后,文化就退居幕后,而经济利益成了压倒性的重头戏。

一方面,独特而传统的文化内涵是旅游节庆活动得以延续进行的有效保证,同时也能刺激并带动一个地方的经济能够得到大幅度的提高。但是,河南目前一些节庆旅游活动的组织者为了赚取尽可能多的经济利益,在节庆旅游的名义下加入了过多的商业炒作成分,比如在活动中过分加大对一些投资商的广告宣传,甚至加入了与节庆旅游主题相关性不大的商业活动。无论什么主题的节庆,几乎都有一些演唱会、模特大赛、健美赛等与主题相干性不大的活动。这样的活动虽然热闹非凡,但是几乎缺乏深厚的文化内涵。这些不重视对节庆活动的内涵文化进行开发的外在攀比形式,往往只是走过场般地华而不实,可能会为当地带来即时的经济效益,短期之内可能会增加亮点;但长远来看,不仅使慕名前往的游客产生一种厌烦、受骗的感受,更有损举办节庆活动的初衷,脱离了文化资源的开发和宣传。

另一方面,每一个节庆都是以其独特的文化为背景的,传统的节庆旅游能否得到持久的延续和合理的开发,取决于其独特的节日文化内涵,如果没有深刻的文化内涵予以支撑的话,某些节庆活动的举行就无从谈起。现在很多传统节庆的文化内涵正在随着现代社会的进步和经济的高速发展而逐渐流失,人们只知道某些传统节日的名称,却并不真正了解其中的文化内涵,更谈不上对传统节庆文化的传承。现如今,一些具有悠久传统的节日,比如"中秋节"、"端午节"等,大部分退化成了一个极为单调的概念,能同这些节日联想到一起的似乎除了"吃"就再无别的概念了。反观韩国、越南等亚洲国家,它们之所以能够通过相应的节庆活动而取得非常不错的经济与社会效益,完全得益于这些国家能够深刻理解"端午"、"中秋"等悠久历史文化内涵。因此,如果不能完全、透彻地了解传统节庆及其文化内涵,就会导致节庆旅游的地域特色不够鲜明以及深厚历史蕴含未能得到有效外化,继而难以对外形成"唯我独有"的鲜明形象,更不能为举办方带来良好的经济和社会效益。

3. 缺乏行业之间的联合

节庆旅游是"节庆"与"旅游"这两个产业进行有效结合的产物:旅游产业是进行节庆旅游的前提条件,而节庆则是旅游产业的重要基础之一。在发展规划的总体框架下,二者既相辅相成,又缺一不可,两者间的紧密配合所形成的良性互动,可以从整体上促进节庆旅游的良好发展。在这种将多种要素结合在一起、创造产品的过程中,一定要按照节庆活动的传统性、文化性、综合性与动态性等特点进行灵活的整合。而河南传统节庆旅游业之所以不能取得良好地社会与经济方面的效益,在很大程度上是因为旅游行业之间缺乏合理而有效的联合。

由于对传统节庆旅游资源开发的先天不足,加之对传统文化及其内涵缺乏足够的理解,使得节庆旅游在后期的发展过程中缺乏足够的发展动力。具体表现为:在发展节庆旅游的过程中,旅游行业之间的联合较少甚至没有联系,相关各部门之间也缺乏足够的信息沟通。河南节庆旅游产业结构不合理。一方面是节庆旅游消费结构的不合理,二是旅游产品结构的不合理。前者是指河南节庆旅游产业所涉及的"吃、住、游、行、购、娱"结构不合理,这六种要素之间的整合缺乏有效的产业政策指导。旅游娱乐、旅游购物不发达,在旅游营业收入中,商品性收入所占比重很低。后者是指旅游产品开发长期停留在观光旅游产品的层次上,而节庆旅游产品所占的市场份额却微不足道。此外,河南的旅游企业多以中小企业为主,各旅游企业在经营中长期习惯于各自为战,以自我为中心,缺乏团队合作的精神和理念,难以形成规模效应,结果往往事倍功半,恶性竞争不断,导致整个旅游市场诚信不足、秩序不稳。缺乏联合促销的意识,旅游宣传和促销无法形成整体合力。

4. 缺乏高素质专业人才

节庆旅游与其他的旅游产品相比,其实质、组织类型等方面都是存在着较大的差异,这就需要旅游从业人员深刻知晓某一特定传统节庆的文化内涵;由于缺乏足够的专业性节庆以及人才培养机构,导致很多从业人员目光短浅;并且宣传和促销跟不上总体发展形势,在举办之前没有对游客的总体需求进行科学、详细的调查与分析;在不完全了解传统文化以及节日内涵的情况下草率、随意地举办各种节日;除此之外,在举行相关节庆旅游的同时,举办方只注重节庆本身能给自己带来多少经济和社会效益。因此,在一个没有具体、详细的营销计划和专业的高素质人才的指导策划下,仅仅依靠众多植入商业性质来赚取经济效益的节庆旅游,是不可能真正地将某一节庆作为一个地区的旅游品牌来塑造的。

目前专业的节庆策划、筹办、管理人才相当缺乏,节庆活动的质量是由从业者的服务水平来决定的。服务过程中,从业人员的专业知识、个人素质等综合因素起到了关键作用。所以说,节庆的竞争其实是人才的竞争。因我省节庆旅游起步较晚,现有节庆从业人才数量少、综合素质不高的情况普遍存在,如节庆中高端管理人员大部分是其他行业的"转行"人员,对节庆旅游缺乏了解。虽然河南部分大专院校,如河南政法财经大学、郑州旅游职业学院也设立会展旅游专业,但高校培养的目标几乎都是会展策划、设计和组织等会展高端人才,而实际上此类人才的需要有限,真正大量需要的接待、咨询等操作性实用服务人才又难以寻觅,造成市场上会展人才数量较多,而实际从业人员仍然匮乏的现象。

三、O(机遇)

1. 旅游立省,政府主导

河南地处中原,人口众多,交通便利,物产丰富。作为一个全国闻名的旅游和文化大省,河南省早在 2008 年就已经提出了"旅游立省"的发展战略。通过该发展战略的实施,使我省的旅游业在未来能够得到长足的发展,将河南省的文化、旅游等资源优势转变为显著的经济优势;同时由原先的旅游大省转变为未来的旅游强省,并在此基础上进一步提升为全国范围内的旅游经济强省。

"旅游立省"这一发展性战略的实施,可以说为河南省在今后大力弘扬与发展传统节庆旅游提供了一个良好的发展契机。同时,通过对大型节庆旅游资源的开发,不仅可以保证我省"旅游立省"这一长远战略目标得以顺利实现,而且在努力建设中原经济区这一大的环境背景下,通过大力发展河南的传统节庆旅游资源与项目,对河南省的总体旅游业而言,更是一种腾飞与机遇。

2. 中部崛起,行业引领

自"十二五"以来,河南旅游面临着一个极佳的战略提升期和黄金发展期。在"旅游立省"这一大战略的指导下,河南省的旅游业将以更宽的视野、更大的决心、更高的标准、更切实的措施,推动旅游业的转型升级。以"科学发展观"和"以人为本"的转变方式为指导主线,将我省的旅游业从单纯的观光旅游向观光与休闲度假并重转变;从单纯的景点景区向旅游目的地、产业集聚区转变;从单一的门票经济向综合的产业经济转变;从粗放型发展向精细化运作转变;从资源依赖型向产品创新型转变;从量的扩张向质的提升转变。同时,要坚持"两个高于"目标,即我省旅游增长速度高于全国旅游平均增速,高于全省 GDP 增长速度。力争到"十二五"末,我省旅游业在全国旅游发展中成为"一省三地",即建设中国旅游经济强省,旅游综合经济实力进入全国前五位,建成全国重要文化旅游目的地、休闲度假旅游目的地、功夫旅游目的地。"十二五"期间,河南旅游将立足转型升级,发挥优势,整合力量,强力推进,为建设中原经济区、加快中原崛起和河南振兴做出积极贡献。这些为河南节庆旅游的发展提供了极好的契机。

四、T(威胁)

1. 传统节庆文化流失

随着"十年动乱"的结束以及"改革开放"的实施,河南的社会政治生活和民族文化加之得以慢慢恢复。在这一环境背景下,我省各地的政府部门开始逐渐重视对传统文化的保护和推广。事实上,传统文化和节庆旅游这两项内容的发展谁也离不开谁:节庆旅游使一种传统文化有了生命,使之具有无限发展的巨大潜力;反过来,文化又使节庆旅游有了专属于自己的主体灵魂。以旅游参与的方式不仅可以使民族的传统文化因子在"润物细无声"的状态下融入百姓的日常生活,而且还能陶冶个人的文化素养和情操,并在每个人心灵里生根发芽出新的文化资源。

然而,在整个市场经济的改革大潮中,由于缺乏有效市场主体的参与和指导,我省的传统节庆文化却未能成功的市场化和时尚化,与那些外来的"洋节日"相比,一些传统节庆旅游表现的发展后劲不足。造成"洋节日"比我国传统节庆风靡流行的首要原因是我省的传统节庆在外在的表达方式方面同众多"洋节日"的大型狂欢、游乐活动相比，显得较为保守、含蓄、不够时尚，并且总是以老旧、固定不变的形式展现；而"洋节日"的活动，无论是从它的表现方式还是内在元素，总是与时尚结合在一起，因此深受众多年轻人的喜欢。其次，同众多市场化、商业化程度非常成熟的"洋节日"相比，传统节庆在这两个领域的专业程度都很低。这也就使得我省传统节庆文化在逐渐流失的同时，"洋节日"却能大行其道。

2. 外部旅游环境的制约

对于制约旅游环境的外部因素，主要表现在旅游产业地位不高以及与所创的经济效益较低这两个方面。一般认为，旅游业成为当地支柱产业的标准是，发达地区旅游增加值占GDP的比重要达到10%，欠发达地区要达到5%。以这个标准来对照我省的旅游产业，不难看出，我省的旅游产业同其他一些旅游业发达地区相比，还有着不小的距离，而总体水平发展较低的旅游业在很大程度上制约了我省相关节庆旅游项目的发展。另外，在发展我省传统节庆旅游的同时，还暴露出了某些地区的接待能力不强，并且一些相关景区和景点的旅游环境需要进一步改善。

3. 周边省市节庆旅游的竞争

湖北襄阳诸葛亮文化节是南阳诸葛亮文化节的强大的竞争对手，由于历史的原因，对诸葛亮躬耕地的争议从来没有停止过。由于南阳的文化旅游发展缓慢，导致很多的旅游者对襄阳诸葛亮文化节的印象更加深刻。另外，菏泽国际牡丹花会为中国著名牡丹旅游节庆之一，近年来，曾荣获"全国花卉类节庆十强活动"、"中国最具影响力的品牌展会"等称号，菏泽市也被评为"中国优秀旅游城市"、"中国优秀节庆城市"等荣誉称号。通过举办牡丹花会，不仅提高了菏泽牡丹的知名度，使菏泽成为享誉全国的"中国牡丹城"，而且有力地推动了社会主义新农村建设，带动了菏泽经济社会全面发展。2012年3月菏泽正式被中国花卉协会正式命名为"中国牡丹之都"。虽然中国洛阳牡丹文化节已入选国家非物质文化遗产名录，作为全国四大名会之一，至2012年洛阳牡丹花会成功举办30届。但两个花会的举办时间都是四月中下旬，加上山东整体旅游做得比较成功，有可能会分散一定的目标市场。另外，河南一些城市的节庆活动，如岳飞庙会、老子诞辰纪念活动、浚县古庙会、登封中岳庙庙会、轩辕黄帝祭祖庙会、太昊陵庙会、开封元宵灯会、开封东京禹王大庙会、郑州城隍庙庙会、新郑九九重阳拜祖节、宝丰马街书会等节庆活动无论在知名度还是在影响力上都比周边省市稍逊一筹，要想在这些主题相似、举办时段相近的旅游节庆中脱颖而出非常困难。

复习思考题

一、名词解释

节事旅游

二、简答题

1. 节事旅游的特点主要有哪些?
2. 我国节事旅游的形成需要具备什么条件?
3. 节事旅游策划的五大原则是什么?

三、论述题

1. 请以小组为单位,根据节事旅游策划的原则,设计完成某一主题节事旅游的策划方案,要求必须具有创新性和可操作性。

2. 根据各小组节事旅游策划方案成果展示,分别对每一策划方案提出改进建议。

项目五　奖励旅游

学习目标

知识目标

1. 理解奖励旅游的概念
2. 熟悉奖励旅游的类型和特点
3. 了解奖励旅游的基础分析

技能目标

1. 基本具备奖励旅游运作的策划能力
2. 熟悉奖励旅游的运作管理业务

导入案例

"富士康之星——优秀基层员工情越海峡台湾行"

2012年10月23日,在台湾美丽的日月潭上,年轻的富士康员工们高呼太美了,曾经在电视里看到的台湾胜景,怎想到今天就身在其中。对于很多富士康的打工者来说,如果不是总裁郭台铭的这个奖励,或许一辈子也不会到台湾旅游。而且此次还能与董事长同台唱歌、同桌吃饭,更是让大家兴奋不已。

这是由富士康集团举办的"富士康之星——优秀基层员工情越海峡台湾行"活动,本次参加台湾游活动的富士康员工共计205名,包括富士康集团2010年优秀基层员工以及入厂工作20年以上的资深员工等。赴台游玩的优秀员工覆盖了富士康集团在大陆地区的15个事业群、15个厂区,户籍地涉及全国16个省份的107个县市;10月20日,他们分乘飞机、火车或汽车陆续到达深圳集合;21日清晨,开始期待已久的宝岛之旅(见图5.1)。

项目五 | 奖励旅游

图 5.1　抵台的"富士康之星"

其实早在今年 4 月，富士康集团已成功举办了首届"富士康之星——优秀基层员工情越海峡台湾行"活动。在广大员工的艳羡关注中，有 216 名员工共享了集团的这一次爱心之旅，受到了海内外的广泛关注。截至 9 月 10 日，网络检索页面约 198.1 万个。

谈及此次"宝岛游"的行程，富士康集团工会负责此次活动的工作人员告诉记者，这次活动的时间为 10 月 20 日—28 日，大家于 10 月 20 日在深圳集合，10 月 21 日—27 日在台湾游玩，10 月 28 日返回深圳。行程中参观了台北、台中、高雄等城市，游览的景点包括西子湾、六合夜市、佛光山、垦丁公园、阿里山、日月潭、101 大楼等，还参观了富士康鸿海总部。

承办此次"宝岛游"的深圳市口岸中国旅行社主管董先生透露，"宝岛游"的行程安排几乎囊括了台湾各大著名景区和人文景点。富士康集团也是国家旅游局出台赴台旅游新政后第一家跨区域组织员工赴台旅游的企业。从 21 日抵达台湾到 23 日，205 名员工体验了高铁，游览了高雄的英国领事馆、南部的垦丁、阿里山和日月潭等台湾著名景点。

登顶 101 大楼

于 2004 年 12 月 31 日隆重开幕的 Taipei 101（见图 5.2），位于信义商圈，紧邻台北市政府，同时也是台北地区的新兴金融大楼，由台湾十二家银行及产业界共同出资兴建，造价逾新台币 580 亿元，是由著名建筑师李祖原负责设计及监造。Taipei 101 达 9159 坪的基地面积，也是台湾工程史上的重大突破，建设时《Discovery 建筑奇观》节目还曾来台实地拍摄，这座具有展现台湾经济实力的第一高楼，也因此跻身世界最高建筑的行列；在 Taipei 101 中还有设置于 88 楼至 92 楼中央位置（从 92 楼悬挂至 87 楼）、直径 5.5 公尺、重 660 公吨的世界最大的"被动式风阻尼器",它也是唯一可供民众参观的风阻尼器,用以减低高楼受强风吹袭以及地震时的主要避震设施,确保整栋101大楼的稳定度及民众的舒适度,前往88楼观景台即可前往参观,并且可以用最近的距离与其合影留念,实为另一番不同的体验。

图 5.2 台北 101 大楼

资料来源:http://zzwb.zynews.com/html/2012-10/30/content_416155.html 郑州晚报

任务一 奖励旅游概况

任务导入

30 名葡萄酒行家沉醉意大利酒乡之旅

企业:美国 Harris Teeter 公司

时间:2007 年 4 月 13 日—23 日

奖励旅游内容:意大利北部和中部葡萄酒乡旅游

奖励人数:30 人

委托旅游公司:梦幻意大利旅游公司[Dream Italy——一家意大利旅游公司(编者注)]

简介:美国 Harris Teeter 公司是一家拥有 155 家大型零售商店、18 000 名员工、美国东部最大的高端食品连锁集团。公司每年的葡萄酒业务都超过了 16 亿美元。为褒奖葡萄酒部门最优秀的雇员,HT 公司在今年安排了一次特殊的奖励旅游——意大利葡萄酒之旅,同时也为葡萄酒部门寻找新的合作伙伴。

分析:HT 公司原本准备的奖励旅行是 500 人,但如此大规模的团队很难真正体验葡萄酒之旅的美妙,难以针对受奖励员工做到量身设计的特殊旅行,不能让每一位团员的体验终生难忘。酒庄体验、城堡入住和私人晚宴等活动的安排,都必须要求是小规模团体,才能让参与者感到尊贵感。

解决:梦幻意大利旅游公司在接到客户意向后,进行估量商议,最后拒绝了大团队订单,劝说HT老板从原有500人的团队中精选出30名最优秀者,参加这次深度的醉酒之旅。此次活动的整个行程,是旅游公司在对HT公司的了解下,根据HT公司性质和奖励旅游目的而设计的,真正做到了量身定制。

10天的行程中,旅游公司为团员精心挑选了城堡酒庄,每个酒庄都以不同的葡萄酒、酿造工艺和建筑特色闻名。此外,还安排了两晚市中心的酒店住宿,为的是让团员对于城堡的住宿更加印象深刻。每餐的菜式与葡萄酒都是精心搭配。除了大型酒庄,还安排了小村庄里的特色餐厅,他们都有自家酿造的葡萄酒,别有风味。

为了给所有团员一次铭记一生的旅游体验,旅游公司安排了一场属于HT的私人城堡酒会,并用直升机将所有的团员运送至酒会举办地:Castello Banfi——班菲城堡(见图5.3和图5.4)。

图5.3 班菲城堡外景

图5.4 班菲城堡主体建筑

行程安排

奖励团成员从美国费城出发到达米兰国际机场,令所有人吃惊的是,在机场迎接他们的不是导游,而是旅游公司的 CEO。作为葡萄酒领域的资深专家,他一路为成员解释意大利的葡萄酒文化,豪华奔驰大巴车身上是葡萄、水晶杯、城堡酒庄的图案和 HT 公司的标志,在所有人的注视中开往 Verona(维罗纳)——罗密欧与朱丽叶的故乡以及意大利最重要、规模最大的国际葡萄酒与烈酒展 Vinitaly 的举办地。两者加在一起造就了 Verona 醉人而浪漫的魅力。

成员受到 Andrea Sardori——Sardori 酒庄庄园主的热情拥抱,Parmigiano 工厂主人的热情款待,还去了 Gabbiano 城堡、里奥那多达芬奇酒窖、Monterutoli 酒庄。

组织方为团员安排了浪漫的 Verona 之旅,在朱丽叶的窗下品尝葡萄酒;充满艺术气息的佛罗伦萨之旅,在米开朗琪罗的大卫雕像前驻足惊叹;感受历史沉淀的罗马之旅,卡拉卡拉浴场、古罗马竞技场等数之不尽的古迹;做客美国大使馆;以及托斯卡纳静谧安详的美丽小镇,尝试最传统的托斯卡纳美食,品尝家酿的葡萄酒。

团员体验

意大利这个国家,从北到南,从丘陵到山区,甚至在那些特别小的海岛上,葡萄树就是特有的一道风景,葡萄酒是意大利每处阳光和土壤赐予他们的琼浆,让我们艳羡不已。

在整个行程中,组织者的安排无可挑剔。出发前我们每人收到来自梦幻意大利 CEO(Giorgio Dell'Artino)的邮件,告诉我们应该准备的衣服,并注明男士带上一套西服,女士需要一套晚礼服,告知我们每个住宿城堡和酒店的设施。并附上一份无比精美详尽的 10 天行程,里面甚至有所有地点的联系方式。在米兰机场,一个高大英俊的意大利男人展开双臂迎接我们,诧异半天,才知道是 Giorgio 本人。

10 天的葡萄酒之旅,让所有人都沉浸在醉人的气息中,而最让我们难忘的便是班菲城堡的特殊安排。清晨我们在托斯卡纳醉人的空气中醒来,品尝一杯卡布奇诺和美味的牛角面包后我们乘车去往 Montalcino 镇。在专业品酒师的陪同下,我们步行参观了班菲独特的酒杯、酒瓶博物馆、酒窖、品酒屋(见图 5.5),然后,私人直升机将我们送上天空,以最为完美的方式俯瞰班菲近 3000 公顷的葡萄庄园。灰品乐(Pinot Grigio)、霞多丽(Chardonnay)、常相思(Sauvighon Blanc)、赤霞珠(Cabernet Sauvignon)、美乐(Merlot)、西拉(Syrah),这些国际知名的葡萄品种在这儿应有尽有。天空暗淡成琥珀色,行程在我们的惊呼中结束。螺旋桨产生的风让所有女士裙脚飞扬,缓缓走下直升机,沿着红地毯走向班菲城堡,我们的私人晚宴正式开始。历史古堡,微微清风,美酒醇香,音乐奏响,所有人都沉醉在这场迷人的晚宴中忘乎了自我。

旅程结束后,我们在订单中除了对 Banfi、Gallo、Palm Bay 的继续,还增加了新的进口品牌 Fosters。

图5.5　班菲城堡的酒窖

评价

HT 公司的 HR 经理评价说:"此次行程设计非常独特,每位团员都有着深切的体验,而且整个过程没有任何担忧和劳累,组织方已经为我们做好了所有详尽的安排。从行程结束的那天,我们就开始期待着下次旅行。"

梦幻意大利旅游公司的 CEO Giorgio 也说道:"行程的每个细节我们都经过深思熟虑,力求带给客人最完美的尊贵感。当客人告诉我这是他们此生体验过的最难忘的旅行,尤其是古堡晚宴和直升机酒庄体验,我们觉得一切努力都是值得的。"

资料来源:http://www.docin.com/p-502145954.html

活动一:奖励旅游的概念及本质分析

奖励旅游起源于20世纪30年代、美国的奖励旅游(Incentive Travel)是当今世界发展速度最快和最受瞩目的旅游形式之一,也是会展旅游市场重要的组成部分。

一、奖励旅游的概念

最早的奖励旅游出现在1906年,美国"全美现金出纳机公司(National Cash Register Company,见图5.6)"首次使用了奖励旅行,公司奖励70名销售人员镶嵌着钻石的别针和一次免费前往公司总部德顿(Dayton)旅行的机会。如今,美国是世界上最大的奖励旅游市场。有资料显示,每年参加奖励旅游的美国人超过 50 万人,费用大约为 30 亿美元;在法国和德国,公司奖金 1/2 以上是通过奖励旅游支付给职员的;在英国,企业的 2/5 奖金是采取奖励旅游方式实现的。在东南亚一些国家和地区如新加坡、中国香港等,奖励旅游非常流行,已经成为企业奖励员工的主要方式。

图 5.6　全美现金出纳机公司 NCR 标志

随着中国加入世界贸易组织,不少大型外资企业纷纷进驻中国市场,奖励旅游也随之兴起。目前,国内的一些国有企业、较大规模的民营企业经营者也纷纷开始采用这种方法来激励员工,并把它作为凝聚企业向心力、提高生产力、塑造企业文化的一种重要手段和管理法宝。虽然我国奖励旅游市场的开发刚刚起步,但已经表现出巨大的潜力和强劲的发展势头。

那么,究竟该如何定义奖励旅游呢?

Milton T. Astroff 与 James R. Abbey 合著的《会展管理与服务》中认为:奖励旅游是一种旅游奖励———一般是一次全包豪华旅游——作为刺激提供给工作特别努力和达到项目赞助者规定标准的员工和客户。

新加坡旅游局将奖励旅游定义为:针对达成,甚至超越公司个别或整体业绩之特定对象,如员工、经理人、代理商等,由企业主提供一定的经费规划假期,委托专业旅游业者精心设计"非比寻常"的旅游活动,以犒赏创造营运佳绩的有功人员,让他们体验一场难以忘怀的旅程,并借此增加参与者对企业的向心力。

《香港大词典》中界定奖励旅游为:工商企业及其他行业为刺激工作人员的积极性、增强归属感以及搞好与有关部门、团体和个人的公共关系而组织的免费旅游。

《中国旅游百科全书》认为:一些组织单位为调动员工的积极性、增强凝聚力而举办的免费旅游。

本书比较赞同的观点来自较有权威性的国际奖励旅游协会 SITE 的定义:奖励旅游是一种现代化的管理工具,目的在于协助企业达到特定的企业目标,并对达到该目标的参与人员给予一个非比寻常的旅游假期以作为奖励;同时,奖励旅游也是各大公司安排以旅游作为诱因,以开发市场为最终目的的邀请团。

二、奖励旅游本质分析

奖励旅游在本质上是现代企业的一种管理手段和激励措施,在形式上既表现为一项特殊的旅游活动,又具有会展活动的显著特征,是旅游与会展的综合体。奖励旅游者即参加奖励旅游活动的对象,包括企业员工和供应商、经销商、客户等企业相关利益人员;奖励旅游主办者是提供资金购买奖励旅游产品以激励上述奖励旅游对象的企业,它们是开展奖励旅游活动的决策者;奖励旅游服务商是提供奖励旅游产品的企业,它们是奖励旅游活动的具体策划、组织、安排和实施者。

我们可以从以下六个角度来深入理解奖励旅游的含义:

(1)奖励旅游的本质是企业管理工具

作为现代化的管理工具,在一定程度上,奖励旅游是企业管理多样性的一种体现。奖励的本质一方面是对员工、客户的奖励,另一方面更重要的是对企业自身的奖励。

首先,奖励旅游的激励作用可以加强团队建设、增强员工的荣誉感和向心力、提高员工工作效率、强化员工对企业的认同感、塑造企业文化,最终实现提高企业业绩的目标。其次,奖励旅游还可以增进企业与经销商、客户的关系,加强相互沟通,增加彼此的了解与信任,有助于维护企业原有的销售网络并进一步扩大销售渠道,以实现提升企业市场份额的目的。而且,奖励旅游往往会伴随着包机、包车、包场等现象,相应都会打出醒目的本企业标志,借此树立企业良好的形象、宣扬企业理念、扩大企业知名度与美誉度,因而这也是一项重要的市场宣传活动。

另外,企业奖励旅游是企业在实现特定目标后,用超额利润的一部分资金支持的,从税收层面讲,也给企业提供了一种合理避税的途径。

(2)奖励旅游的核心是激励

奖励旅游的出现和实施是企业激励方式转化的一种表现。在物质激励效用减小的情况下,企业转而依靠精神手段来满足员工的社会需求和人性要求。通过奖励旅游,一方面可以缓解员工日常的高强度工作压力,通过地点和环境的变化,减少员工的工作厌倦感;另一方面可以满足员工的成就感和荣耀感,满足其受尊重的需要。此外,团体旅游活动为员工们创造了一个特别的交流机会,使员工间更加了解和熟悉,培养和谐融洽的感情,满足其社会交往的需要。

与传统的奖励形式(现金奖励、物质奖品、带薪假期)相比,奖励旅游是一种长效激励。在参加奖励旅游的过程中所产生的令人愉悦的精神享受和难以忘怀的经历,对员工和其他奖励旅游者的内在激励时效将是长久的。由于旅游活动既可以使人们领略大自然的千姿百态与社会风情的多姿多彩,又可以帮助人们增加阅历、开阔视野,因此自然延伸了其持续价值。

(3)奖励旅游成功的标准是非比寻常

奖励旅游不是单纯意义上的观光休闲旅游,许多企业都会通过专业性的机构在旅途中穿插主体晚宴,以及"惊喜"、"感动"等一些小创意活动,以这种别出心裁的方式来弘扬企业文化、传达对员工或经销商的感谢与关怀。所以说,奖励旅游产品的个性化设计,是企业能否安排出预期奖励会议旅游效果的要诀。这种非比寻常的创意可以通过很多途径的设计被参与者所感知:如独特行程的安排;学习、交流、娱乐等主题活动的设计;特殊礼遇和温馨服务气氛的营造等。其核心就是要为每一位奖励旅游者创造"无限惊喜"、"终生难忘"的体验经历。在旅游过程中获得了非比寻常的待遇,奖励旅游参加者有了更多的期待,希望再次参加奖励旅游活动,这种期待会持久激励他们努力工作,成为一种无形的动力,从而延长了奖励旅游的激励作用。

(4)奖励旅游参与主体是对企业的发展做出或即将做出贡献的优秀人员

奖励旅游是公司组织的群体性活动,参与人员往往是业界的顶尖好手和特殊人才。对于奖励旅游者而言,奖励旅游是一项带薪的、免费的且与普通观光旅游截然不同的活动,整个活动的费用由企业全额支付。活动内容由专业旅游企业精心策划,既包括观光、娱乐、休闲等消遣性内容,又包含与公司业务相关的各种商务性活动,尤其是特意安排的企业会议、公司展览、员工培训、主题晚会、颁奖典礼等活动内容,能够满足参与主体较高层次的社交需求、尊重需求和自我实现需求。企业为了达到奖励优秀员工与宣传企业形象的目的,在活动组织方面不惜巨资、精心筹备,以期达到奖励旅游者满意。可以说,奖励旅游是企业给予现实及未来的优秀员工和对企业做出或即将做出重大贡献的供应商、经销商、客户等相关人员的一项重要福利。

(5)奖励旅游的载体是旅游活动

奖励旅游尽管是一种现代化的管理手段,但它的外在表现仍以旅游活动的形式存在,是属于旅游的一个细分市场。专业旅游企业是奖励旅游的策划者与实施者。

奖励旅游之所以有别于其他旅游,主要是因为:①服务对象特殊,主要针对员工、产品经销商、品牌忠实消费者等,他们构成了奖励旅游的主体;②提供奖励旅游服务的专业机构特殊,如专门的奖励旅游公司等;③奖励旅游在时间安排、策划流程、预算要求、食宿交通、人员安排、售前售后服务等方面都具有特殊性,客观上要求组织者在从事奖励旅游时与传统旅游严格区别对待。

(6)奖励旅游具有多重附加功能

奖励旅游除了奖励和慰劳为企业的发展做出贡献的优秀人员外,还有多重附加功能。如凝聚员工的企业向心力、树立企业形象、强化企业文化、持续鼓励员工提升工作绩效,甚至是为企业市场开拓做准备等,但最终目标是实现企业的持续、稳定和健康发展。

活动二:奖励旅游的基础分析

从现有的资料分析中,我们可以明确地看到奖励旅游的出现和形成是建立在一定基础之上的,本书从宏观环境以及企业的具体环境对此展开分析。

一、宏观环境

宏观环境既为奖励旅游的出现和形成提供了必要条件,又在某种程度上对奖励旅游的发展起着制约作用。作为奖励旅游的主体——企业必须根据外部环境的变化来决定是否采用奖励旅游以及奖励旅游目的地、行程和活动安排等。由于复杂性和不确定性,对不同企业而言,宏观环境直接影响企业实施奖励旅游的因素各异。但一般来说,大致可分为以下几个方面:

(一)社会、经济环境

企业是否将奖励旅游作为一项管理手段,在很大程度上取决于企业所处的社会环境和经济环境。社会环境包括企业所处的社会结构、宗教信仰、风俗习惯、价值观念、文化水平以及生活方式等因素。

社会环境,尤其是其中的价值观念和风俗习惯因素会直接影响企业对奖励旅游的认可态度和接受程度,而且在一定时期内也将影响奖励旅游市场的发展规模。

经济环境一方面指企业生存和发展的社会经济状况以及国家的经济政策,如国民收入、国民生产总值、国民经济发展水平和速度等;另一方面也包含企业所在地消费者的收入水平、消费偏好、储蓄情况、就业程度等因素。

经济的繁荣能为企业提供更多的机会,将奖励旅游的管理方法落在实处。另外,它在一定程度上也决定了企业职员的支付能力、消费水平与习惯,间接地反映出职员对企业实行奖励旅游的支持力度。

小思考

澳大利亚是目前世界上会展奖励旅游发展较为成熟的国家之一。你能从该国的社会结构、宗教信仰、风俗习惯、价值观念、文化水平、生活方式等方面分析其会展奖励旅游获得成功的原因吗?

答:澳大利亚是一个多民族国家,由来自世界各地的 100 多个民族共同组成,其中英国、新西兰和中国为其最大的三个移民来源地。这一特殊国情决定了澳大利亚社会文化的多元性,也决定了它对会展奖励旅游这种新型旅游模式的接受程度。

澳洲地广人稀,而且孤立于大西洋上,和人口密集的亚洲、经济繁荣的北美洲均有一定距离。但是正因为这一特殊地理,保存了其较为完整的土著文化,现今澳洲当地日渐成熟的各类专业旅游机构已越来越多,这些都使它在发展会展奖励旅游领域上独领风骚。

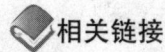相关链接

举办"梦幻时代"推广奖励旅游

从 1995 年开始,澳大利亚开始实施"品牌澳大利亚(Brand Australia)"工程,即在全球推广澳大利亚不同于其他旅游目的地的崭新形象——不仅适合旅游,也是一个经商和投资的好地方。其他国家后来纷纷仿效。

奖励旅游是澳大利亚旅游局市场拓展的重点。10 月 29 日,澳大利亚旅游局宣布,斥资 400 万澳元,发起"澳大利亚旅游商务活动(Tourism Events Australia)"。更早一些时候,澳大利亚旅游局与各州的会议旅游局组建同盟性质的"澳之队(Team Australia)"来共同推广澳大利亚商务旅游。

澳大利亚旅游局现在每隔两年举办一次"梦幻时代(Dreamtime)"——以商务及奖励旅游为主题的大型专业展示交易会,其宗旨就是瞄准高产出、高利润的商务旅游市场,进一步提升澳大利亚在全球奖励旅游市场的品牌认知度,希望带来新的业务和商机。

作为中国内地被邀请的唯一媒体记者,本人参加了 2004 年的"梦幻时代"。时间是 10 月 29 日至 11 月 1 日,地点在悉尼奥运公园,前两天是交易会,后两天是"亲历(Familiarization Program)",即邀请国际买家和媒体记者在会议举办城市悉尼的市内观光游览及"团队建设"活动,期间穿插各种主题晚宴,以亲身体会当地的旅游资源及主办者的活动组织能力。

从规模上说,"梦幻时代"与会人数并不大,但成交金额却很可观。上一届(2002 年)达 5600 多万澳元,本届可能超过上届。

此次"梦幻时代"交易会上,澳大利亚的卖家(各地会议旅游机构、酒店、运输公司和奖励旅游专业性服务公司等)只有 70 个,来自 23 个国家或地区的买家(专业性旅行社等)有 145 个,中国内地、香港地区和台湾地区分别有 13、4 及 7 人参加,而上一届中国内地仅有 2 人参加,另有 20 家国际及 8 家澳本国媒体的记者。

既没有喧闹噪耳的音乐热舞助兴,也没有无关人士凑热闹。但两天时间里,每个交易商的会面时间都已事先安排,每隔15分钟都有钟声提示,当然还有一些自由安排时间,真正体现出灵活与高效。

"梦幻时代"取自澳洲土著传说。澳洲土著大约是4万年前从东南亚沿着大陆桥迁徙来此。2万年前,海平面上升,澳洲大陆从此与其他大陆隔绝,故农耕文化没有传播到这里。在200多年前,英国殖民者来到这里时,澳洲土著人依然停留在石器时代,没有文字。他们崇拜图腾,敬畏大自然,信仰万物有灵,认为在远古的"梦幻时代",是英勇的先辈们创造了日月星辰、地球、人类及一切生物。澳大利亚旅游局兴许是借"梦幻时代"来暗喻澳大利亚悠久传统与古老文明的魅力。

资料来源:http://travel.sohu.com/20050323/n224823687.shtml 搜狐旅游

(二)奖励旅游政治、法律环境

政治、法律环境主要是指制约和影响企业的政治要素和法律系统,如国家制度,政府的方针政策,国家颁布的法律、法令等。

不同国家有着不同的政治、法律环境,而且它对企业的影响在不同时期也各有变化。企业只能按照规定和要求来决定自己可以做什么,不可以做什么。

以我国为例,财政部、国家税务总局2004年下发了《关于企业以免费旅游方式提供对营销人员个人奖励有关个人所得税政策的通知》,其中规定:按照我国现行个人所得税法律法规,企业和单位对业绩突出的人员以培训班、研讨会、工作考察等名义组织旅游活动,通过免收差旅费、旅游费对个人实行的业绩奖励,应根据所发生费用全额计入被奖励人员所得,依法征收个人所得税,并由提供上述费用的企业和单位代扣代缴。

其中,对企业雇员享受的此类奖励,应与当期的工资、薪金合并,按照"工资、薪金所得"项目征收个人所得税;对其他人员享受的此类奖励,应作为当期的劳务收入,按照"劳务报酬所得"项目征收个人所得税。这项规定无疑增加了奖励旅游参加者的个人支出,使国内很多企业产生动摇。反之,一些国家对奖励旅游形式的个人所得免去或降低个人所得税的征收,那么此项活动相对会得到更多的支持。

(三)旅游发展环境

世界经济的发展和人们生活水平的提高,使旅游成为生活中不可或缺的休闲度假方式。各国政府对旅游业的日益重视使世界旅游获得了迅猛发展。

在总量上,旅游业产值从2002年的12 115亿美元,增长到2003年的12 861亿美元。旅游人数和旅游就业人数也相应取得了较大提升。以2002年为例,世界各国和地区入境旅游人数就达到7.15亿人次。从这些数字我们可以看出:世界旅游业的发展前景是非常乐观的。

随着经济状况的改进,世界旅游市场正朝着区域化、多样化发展。据世界旅游组织预测,进入21世纪后,世界旅游业将保持高于4.3%的增长速度持续发展,到2020年,世界上仅国际旅游人数就将达到16亿人次,国际旅游收入20 000亿美元。

因此,在今后相当长的一段时期内,世界性的旅游消费将保持持续增长的势头,市场前景极其广阔。这些都为全球奖励旅游市场的扩大与开拓提供了坚实的基础。

以中国为例,自改革开放以来,丰富的旅游资源得到了不断开发。现阶段,中国旅游业已逐步融入世界旅游经济体系之中,成为其中一个充满活力、富有潜力且高速扩张的部分。据世界旅游组织预测报告显示,中国可望在2020年成为世界最大旅游接待国和世界第四大客源输出国,完成从亚洲旅游大国到世界旅游强国的历史跨越,成为世界上排名居首的和最受欢迎的旅游目的地。

二、会展企业的具体环境

会展企业不仅在一般的宏观环境下生存,而且也在具体经营环境内活动。具体的经营环境会直接影响会展企业的规章制度和管理方法,因此,它对奖励旅游的存在及运作息息相关。尤其在奖励旅游的实施目的、时间、力度、广度、内容安排和预算费用等方面。这里,我们所指的会展企业具体环境包括:

(一)需求方的砍价实力

对于一个会展企业而言,其需求方可能是最终的消费者或是中间产品的转化者,也可能是产品的批发商和零售商。购买者一般通过压低价格、要求较高的产品质量或更多服务,甚至采用迫使供应商相互竞争等手段影响会展企业的获利水平。

为减少需求方对会展企业的影响,会展企业需要让其在一定程度上了解生产过程、产品质量和服务理念,尤其是最终消费者,在会展企业产品质量过硬的情况下,让他们多多增进对产品性能的了解,一方面能提高其评判能力,有利于产品的改进和质量的提高,加速市场对会展企业产品的认同。另一方面也有助于会展企业文化宣传和会展企业形象塑造,使自身品牌成为消费者在选择同类产品时的第一考虑对象。会展企业奖励旅游正好为这种交流与接触提供了很好的机会,通过非正式的团体沟通,双方在轻松互动中,加强对彼此的了解,增进会展企业与需求方的和谐发展。

(二)供应方的砍价实力

供应方可以通过提高产品和服务的价格或降低其出售的质量对会展企业产生威胁。无论是有形的产品还是无形的服务,供应商所提供的数量、质量、时间等因素都将影响会展企业的成长和利润的获得。

会展企业为了在市场上较少受到供应商的威胁和干扰,应该主动与其建立长久稳定的关系,并且在供应商的选择上尽可能寻找可靠、有实力的少数几家。

对于能及时保证本会展企业获得所需产品和服务的供应商,会展企业需要为它们提供相应的奖励,如组织供应商与本会展企业职员一同参加奖励旅游就是一种很好的做法,这样不仅可以密切掌握会展企业与供应商的关系,通过直接接触使双方相互了解并建立信任,而且还能消除或减弱供应商对会展企业所造成的威胁。

(三) 现有会展企业的竞争

人们关注同一产业的内部竞争,往往都着眼于竞争手段和市场份额上,从短期的战术角度来考虑,如价格战、广告战、产品引进、增加顾客服务及保修业务等,而忽略了从会展企业内部提升核心竞争力。

当代会展企业强调以人为本,人本管理迫切要求我们突破传统的角度,修改和增补原有的激励手段。现实的会展企业竞争实质上就是人才的竞争,如何吸引人才、激励人才并留住人才已成为会展企业持续发展的关键。在会展企业管理中,常见的激励措施主要是围绕工资、目标、自主性等因素设计的,如浮动工资方案、技能工资方案、灵活福利计划、目标管理制度及职员参与制度等。

但是,这些做法在某种程度上减少了职员人际交往的机会,并使工作成为一件痛苦的事情,严重影响了工作效率的提高和竞争能力的增强,而奖励旅游作为新的激励手段,恰好在一定程度上弥补了传统激励措施的不足。

活动三:奖励旅游的类型与特点

一、奖励旅游的类型

奖励旅游的类型从不同的角度可以分成许多不同的种类。按期限长短可以分为长期性奖励旅游和短期性奖励旅游;按目的地可以分为国外奖励旅游和国内奖励旅游;按内容可以分为体验性奖励旅游、会议性奖励旅游和家属随同性奖励旅游等。

(一) 体验性奖励旅游

最初的奖励旅游往往等同于观光和购物。随着时代的发展,奖励旅游活动变得丰富多彩,旅游者越来越要求能够亲自去体验,这种需求导致了体验性奖励旅游的崛起。深度的体验旅游要求旅游者既要身游又要心游,游前要了解旅游地的历史与环境,游中要善于交流,游后要"反刍"和"复习",从经历中提炼体验,不断提高旅游素质。

目前,体验性奖励旅游已经在欧洲旅游市场上推行,并引起强烈反响;在亚洲,少数发达国家和地区也已在积极尝试之中。

我国的体验性奖励旅游刚刚起步,在规模和档次上都还有待提高。近年来各企业的旅游目的地还限于国内城市和相邻相近的国家或地区。如:华夏基石行政平台员工赴韩国奖励旅游。

以深圳新景界商务旅行社替深圳某银行策划的奖励旅游来说,某银行突破传统模式,创新服务客户,举行了一次以汽车越野为主题的活动。事前的精心策划,细致分析,使得活动一经推出,反响之热烈大大超过了客户的意料。一行人完成了雨季穿越滇藏线的壮举,成功到达珠峰大本营,实现了穿越世界之巅的梦想,在客户心中留下了难以忘怀的记忆。事后,媒体连续性的报道,使活动产生了轰动效应,此银行的品牌价值得到了快速提升。这胜利的一仗,也迅速吸引了更多的金融系统与深圳新景界商务旅行社的合作。

(二)会议性奖励旅游

在世界经济一体化的今天,人们的商务活动日益频繁,这些商务活动包括会议、展览、培训等。会议性奖励旅游就是在这样一个大环境下产生的。

在2002年瑞士国际会议和奖励旅游展上,无论是买家还是卖家都感觉有强烈的新趋势,商务市场的热点开始从纯奖励旅游移向联合商务会议和活动的奖励旅游。

2002年,中国国际旅游交易会期间,国际会议组织(ICCA)与国家旅游局联合举办了中国会奖旅游洽谈会。从这些会议关注的重点不难发现,现在合二为一的会议性奖励旅游已成为全球的一大发展趋势。

(三)家属随同性奖励旅游

尽管奖励旅游的参与主体是公司员工、经销商和客户,表面看起来家属是不应该参与其中的,但是现在家属随同性奖励旅游却成为潮流。之所以考虑带家属出游,一方面是由于受奖励对象取得的成绩与家庭的支持是分不开的;另一方面,受奖励对象也愿意与家人一起作为被奖励对象。

据美国一项调查显示,受奖励职员大部分为已婚男性,他们在外旅游时90%以上携带配偶、25%携带孩子。家属随同性奖励旅游可使受奖励对象得到更多来自家庭的支持,也可使他们更加热爱自己的公司,对工作投入更多的热情。不过,需要注意的是带家属参与的奖励旅游会相应增加一些开销,企业可根据实际情况采取免费奖励旅游或是让员工支付部分费用。

☞ 案例

让你的荣誉曝光

根据国际奖励旅游协会的定义,奖励旅游的目的是协助企业达到特定的目标,并对达到该目标的参与人士,给予一个尽情享受、难以忘怀的旅游假期作为奖励。它并非一般的员工旅游,而是由企业业主提供一定的经费,委托专业旅游业者精心设计的"非比寻常"的旅游活动。

美国麦格劳—希尔国际企业公司北京代表处的王云珍女士曾跟随丈夫参加了三次奖励旅游。她回顾道:"那三次去的地方都是国际闻名的美丽小岛。一次是在迈阿密南部的 BocaRaton,一次是在澳大利亚大堡礁岛屿的一个私人小岛 HaymarIsland,但最令人难忘的一次还是去位于大西洋加那利群岛的 TeriRiff Islan(见图 5.7 和图 5.8)。她先生供职的企业负责所有的吃、住、行,来回都是公务舱。

图 5.7 大西洋加那利群岛的 TeriRiff Island 码头

图 5.8 大西洋加那利群岛的 TeriRiff Island 鸟瞰

"五天的假日里,每天都安排得丰富多彩,潜水、深海钓鱼、坐直升机去另一个小岛打高尔夫……即使偶尔开开会,也是培训做游戏,让金牌销售们进一步拓宽思路、磨炼技能。他们还请来了英国前首相梅杰先生,大谈国际形势;英国维珍公司的创始人理查·布兰森,讲述他乘热气球环游列国的故事。

"最有趣的是全球总裁、副总裁卸下老板的架子与民同乐。有一次晚会在露天游泳池边进行,形状各异的游泳池与人工小溪、小河巧妙地穿过举办地。晚会开始了,电影007的主题音乐骤然响起,年轻、潇洒的总裁一副詹姆斯·邦德的打扮,开着水上摩托飞驰而来,手里举着点火把,烟花四射。伴随着007音乐的高潮部分,'邦德'先生开足马力,越过小桥……"

王云珍打了一个有趣的比方:"奖励旅游让你的荣誉曝光。如果是发奖金,可能直接打到你卡上就完了,你也就不声不响地把钱给花了。对个人来说,这种奖励形式所带来的荣誉感并不强烈;对企业来说,这种奖励也无法发挥表率的作用。"

分析:根据案例,我们不难发现奖励旅游与普通观光旅游有很大差别,其消费、服务档次较高,对行程的要求也比较精细。通过奖励旅游,员工的荣誉感和归属感迅速上升,能很好地实现企业开展此项活动的目标,较之纯粹的物质奖励,更能体现团队建设和企业文化。在奖励旅游中,穿插会议、培训现已变得较为普遍。这类会议或培训往往在相对轻松的氛围下进行,与旅游相得益彰。

资料来源:http://www.china-b.com/jyzy/jyyz/20090425/1592484_1.html

二、奖励旅游的特点

(一)高消费、高档次、高要求

一些有实力的企业为了更好地激励参与对象,开展奖励旅游常常是"不惜血本"。

据有关统计,一个豪华奖励旅游团的消费通常是一个普通旅游团的5倍,它们不但在交通工具、住宿、餐饮等方面体现了高档次的特征,如豪华饭店、大型晚宴、特殊的旅游线路等,而且在旅游活动内容、组织安排以及接待服务上也要求尽善尽美。据国际奖励旅游协会的研究报告显示,一个奖励旅游团的平均规模(人数)是110人,而每一个客人的平均消费(仅指地面消费,不包括国际旅行费用)是3000美元。一个考察活动结束后客户在未来12个月的时间里回头咨询反馈的比率是80%,其中有效比率(即实际成团的比率)为15%~20%。新加坡旅游局也经过分析发现,到新加坡的中国奖励旅行团的消费能力比一般旅行团要高出1.4倍。而在一些奖励旅游比较发达的国家,接待奖励旅游团与接待普通旅游团相比,所获取的利润要高出5至10倍。

同时,奖励旅游还通常需要提供该项服务的专业公司来为企业"量身定做",使奖励旅游活动内容尽可能地与企业的经营理念和管理目标相融合。因此,这无论是对奖励旅游产品本身,还是对设计这些旅游产品的专业公司都提出了较高的要求。

(二)效用显著

一些研究管理的心理学专家在经过大量调查和分析后发现,把旅游作为奖品来奖励员工、客户时,其所产生的积极作用远比金钱和物质奖品的刺激来得强。通过奖励旅游中的一系列活动,如颁奖典礼、主题晚宴、企业会议、贴心小礼物赠送等,都能很好地将企业文化、理念有机地融于其中。

另外,企业的高层人物出面作陪,与受奖者共商企业发展大计对参加者也是一种殊荣,在达到"寓教于游"的效果的同时,还可以有效地调整企业上下层、企业与客户间的关系,使受奖者有一种新的荣誉感,增强对企业的认同感,激励其更好地为企业服务。除此之外,奖励旅游还为企业与员工、企业与客户、员工与员工、客户与客户创造了一个比较特别的接触机会,大家可以在旅游这种放松的情境中进行交流。

这样,员工与客户不但能借此了解到企业与企业管理者富有人情味的一面,而且员工与客户之间也能趁此加强彼此间的沟通与了解,为今后开展工作和业务提供了便利。

再者,一次较大规模的奖励旅游也可完全视为企业的一次市场宣传活动,如在奖励旅游包机侧面印上醒目的企业标志,或包场某一有名的旅游景点,这样,人们首先关注的将会是举办奖励旅游的这家企业,而非那些被奖励的个人。无形之中,这又是企业展现自身实力、宣传企业形象的大好时机。

(三)高利润、季节性不强

由于奖励旅游团的消费较高,因此相对而言,它的利润也较其他普通的旅游团高。国际奖励旅游协会的研究报告表明,奖励旅游市场回报率极高,一个中等规模奖励旅游团的平均投资回报比率为1∶47,即每投资1元,市场将回报47元。正因为这个原因,现在已越来越受到旅游公司、旅行社的关注;同时奖励旅游团在季节上一般都会错开旅游旺季月份,这无疑又填补了旅游公司、旅行社的淡季业务空白。

(四)会奖结合、扩大交流

美国奖励旅游执行者协会现任主席保罗·弗拉基认为,奖励旅游与会议旅游已由过去的泾渭分明,转向了相互融结,且半数以上的奖励旅游都包括各种会议的召开。

对此,他分析了造成这种结合的原因:首先,会议能带来税收减免,出于对价格的敏感,企业愿意会奖合并;其次,在家上班的人员现已越来越多,他们需要有机会与同事见面并商讨问题,会奖结合的形式正好符合了这样的要求。今后,会奖结合的特征还会表现得更加明显。

活动四：国内外奖励旅游的现状与发展趋势

一、国际奖励旅游的发展现状与发展趋势

(一) 国际奖励旅游发展现状

奖励旅游活动发展的过程中虽然受到了第二次世界大战以及经济衰退的影响，但最终还是普及到了世界各地。纵观以北美和欧洲为代表的国外奖励旅游的发展历程，大致可划分为三个阶段：

1. 萌芽阶段(20世纪20年代至20世纪50年代中期)

在北美奖励旅游诞生后的很长时期内，其应用范围仍然主要是销售业，绝大多数奖励旅游由企业自己组织、实施，团队规模不大，受交通工具的限制短程奖励旅游为主。20世纪20年代末期，体型较大、较为安全的客机开始投入使用，航空旅行的吸引力越来越大，到1939年，欧美各主要城市间已经有了定期客运航班。航空交通的发展带动了奖励旅游的发展，美国公司开始把奖励旅游的目的地瞄准欧洲，并将奖励旅游作为激励员工方式的观念初步输出到了欧洲，英国、德国、意大利和法国成为欧洲接受奖励旅游观念最快的国家。与此同时，人们逐渐认识到奖励旅游不仅仅是有效的促进销售的手段，还有增强干劲、鼓舞士气、提高雇员生产效率和工作效益、争取特殊的经营对象等作用。与传统的现金奖励和物质奖励相比较，奖励旅游有自身独特的优势，奖励旅游在企业管理方面的突出作用初步显现，于是许多非销售部门也开始实施奖励旅游计划。

2. 发展阶段(20世纪50年代中期至20世纪90年代初期)

到了20世纪50年代中期，喷气式飞机开始用于民航，这些飞机不仅更安全、更舒适，而且速度更快，票价也更便宜。飞机速度的提高使得旅行的时间距离得以进一步缩短，机票价格的降低使旅行成本大大降低，从而航空旅行不断普及。随着航空业的大发展，越来越多的公司加入了实施奖励旅游的行列，美国的奖励旅游兴盛起来，奖励旅游尤其是远距离的奖励旅游增长速度加快，此时欧洲成为了美国奖励旅游最主要的海外目的地。美国出境奖励旅游的大发展，一方面在输出奖励旅游观念的同时，也带来了欧洲奖励旅游市场的繁荣，英国、德国、意大利和法国很快就成为了欧洲推行奖励旅游最主要的国家。奖励旅游目的地开始扩散，由欧洲、北美扩散到了澳洲和亚太部分国家或地区，并逐渐和会议展览结合在一起。

这一时期，人们对奖励旅游的认识在进一步深化，但在不同的国家或地区对奖励旅游的理解也出现了一些差异。在美国，一直试图通过奖励旅游建立竞争性的氛围，因此非常强调预先设定目标，强调对奖励旅游参与者的资格进行审核。因此

在奖励旅游活动设置方面,美国的奖励旅游特别强调"非比寻常",强调豪华甚至是"奢侈的旅游",住宿设施非五星不住,旅游目的地通常是文化和历史名城、中心城市。但是在欧洲,奖励旅游虽然还保持着对员工业绩进行激励的初衷,但正如奖励旅游经理人协会(Society of Incentive Travel Executives)一次名为"认识奖励旅游:不列颠和爱尔兰"的研究所显示的,许多公司使用这种激励性的奖励旅游活动是为了建立雇员的团队精神或者是为了对雇员进行培训,希望在旅游的过程中让同事间的感情变得更加融洽。为此,欧洲的公司并不想将奖励旅游变成奢华的活动,这些公司非常强调旅行中的活动组合,而不是过多考虑入住酒店的档次(一般是三星、四星级的酒店),目的地通常是与公司有业务联系和有业务兴趣的地区。而在亚洲的新加坡,大多数公司使用奖励旅游的目的是为了表示感谢或激励士气,在实施奖励旅游前甚至有89%的企业没有预先为奖励旅游的参与者设立目标。

奖励旅游从萌芽开始一度由公司自己策划并实施,奖励旅游的迅速发展促使了专业奖励旅游公司的诞生。一般认为 E.F.麦当劳是奖励旅游的革新者,作为一家行李箱的仓库管理员,他注意到了客户前来提取货物,并了解到行李箱被作为对经销商的奖励,他认为如果行李箱可以用作奖励,旅游也可以。由此诞生了专业奖励旅游代理。

其后 S&H 旅游奖励、马力兹和一些其他公司又加入了这个行列,并逐渐发展为三类专门从事奖励旅游业务的机构:全方位服务奖励公司(Full—Service Incentive Company)、单纯安排奖励旅游的旅游公司或完成型旅游公司(Fillment type of Incentive Company)、奖励旅游部(Incentive Travel Department)。这种公司负责奖励旅游的各种细节问题,它与航空公司和饭店商议,然后协调交通、住宿、饮食、游览、娱乐和会议等活动,还负责准备促销宣传品,甚至可以参与制定旅游的目标等内容。

随着奖励旅游的成长,奖励旅游的促销手段发生了质的改变,"欧洲会议奖励旅游展"、"芝加哥会议奖励旅游展"、奖励旅游经理人协会纷纷创立,推动了奖励旅游的进一步繁荣。

3. 成熟阶段(20世纪90年代初期至今)

进入20世纪90年代初期以来,人们对奖励旅游的认识更加全面、更加深刻,奖励旅游的内涵变得越来越丰富,奖励旅游作为一种有效的企业管理手段被纳入企业的管理系统。此时,西方国家的奖励旅游市场每年以3%~4%的速度增长,与世界旅游市场的发展几乎同步。奖励旅游的旅游范围也更加宽广,根据美国奖励旅游管理人员协会(SITE)的调查,在北美和欧洲有61%的公司使用奖励旅游计划改善服务质量,有50%的公司使用奖励旅游激励公司雇员,有72%的公司将奖励旅游的目标瞄准了办公室雇员。

(二)国际奖励旅游发展趋势

日前一项由奖励旅游研究基金会和企业奖励旅游协会共同发起的联合调查结果表明,奖励旅游策划者们在奖励预算削减的情况下依然画出了一条漂亮的增长曲线。

应当获得奖励的员工能否接受福利变得越来越少的现实?他们是否注意到公司开始远离五星级酒店和曾经习以为常的舒适会议场所?或者公司能否在预算大幅削减的情况下依然保证员工能有高品质的出行?

这些问题在2011年我们和奖励研究基金会共同设计的奖励趋势调查中找到了答案。调查结果的统计过程要比回答问卷耗费更多的时间。

1. 奖励预算出现改善

2011年的调查结果显示,奖励预算状况较去年相比有了些许改善。2009年,有63%的受访者表示他们的预算相比2008年有"从微小到显著不等的降低",而到了2010年,这一数字则降到了46%。与2009年一样,2010年有1/3的受访者表示今年的预算将与去年持平。好消息是今年奖励预算较上年"明显减少"的受访者也减少了,2010年这一数字是16%,2009年为20%。

展望未来,2011年的预算有望继续实现小幅增长。仅有22%的受访者预计今年的预算低于2010年;另有10%的人预计有"显著降低",总数占到了受访者的1/3。

23%的受访者预计他们2011年的预算会略微好于2010年。这一数字比去年多了两倍还多——去年仅有10%的人预测2010年的预算会略好于2009年。

尽管某些预算数据偏好,2010年仍然有大量的奖励活动被取消,并且这一趋势看上去似乎会在2011年得到延续。大约1/5的受访者表示,他们公司已经取消了2011年的旅行奖励,与去年持平;另有9%取消了2011年的商品奖励,去年是4%。当前围绕着公司是否会恢复一些近几年取消的福利,仍有许多的疑问。

九成的受访者认为,2010年削减乃至取消预算的根本原因是经济不景气。只有27%的人将消减的原因归结于媒体及公众的舆论,或者"AIG效应"。也有1/3的受访者感受到来自公司管理层"调整奖励计划"的压力。

2. 奖励行业挑战依旧

展望未来,对于奖励计划的实施者们来说,挑战依旧。需要思考的是如何在保持成本下降的同时还能让奖励旅行显得与众不同。调查结果清晰地表明,2010年所做的成本削减并未损害奖励活动的质量。最普遍的一些做法包括:取消发放奖品,减少经理级员工的参加人数,降低受奖的员工数量,这样会使得参加活动的员工人均预算更高。

预计在2011年,准备降低预算的公司还会积极使用上述办法,包括减少管理人员参与人数;减少现场礼品数量;消减温泉、高尔夫、旅游等赞助活动;避免选择高星级酒店;缩短旅行时间。

还有一些潜在地降低成本的方法,比如在对目的地及酒店类型的选择上。超过1/3的受访者(38%)表示他们不准备把活动场地设在五星级酒店(去年是23%),还有21%将不使用度假村或者前往度假类型的目的地(去年是11%)。这对于能够提供更高性价比服务的一站式酒店来说是个好消息:31%的受访者称2011年将把活动办在这些酒店,尽管这其中也有很多是度假村。

对于活动策划者来说,2011年不乏挑战:怎样不超预算?如何将被压缩的旅行组织得激情四溢?怎样选择一处除了预算不超标其他都超值的目的地?持这些观点的受访者依次为53%、26%、20%。

一个潜在的问题是,针对这些变化,活动参与者们到底感受如何呢?在问及活动参与者对于经费削减的看法时,48%的员工表示"能有一次旅行已经很感激了";另有39%的员工反馈"和去年一样积极";还有四分之一的参与者回答说"正在适应低一档次的服务和设施"。

只有不到10%的受访者表示他们的员工对出行的目的地、服务及设施不满意,这一点与去年大致持平,除了对设施的不满由去年的3%增加到了8%。16%的受访者表示被奖励者对活动内容不满意。这表明尽管策划者们改变了组织活动的方法,然而参与活动的大部分人依然不知晓或者不满意这些改变。

3. 2001~2011年奖励行业变化

通过回顾最近10年的调查结果,以对比现在的奖励旅行与10年前有何不同,我们有如下发现:

2001年,43%的受访者表示他们的奖励旅行预算在2000年保持稳定,而在2011年的调查中有33%的受访者也有类似表示。2001年39%的公司期待来年能增加预算,而2011年仅有20%的受访者希望预算增长。

2000年人均出行的花费是3256美元,到了2010年则降到了2617美元。而通货膨胀率已由2002年的1.59增长到了2009年的3.85,由此可见,对于策划者来说手头有多么紧张。

2000年的奖励旅行平均达到了4.89天,有四分之三的受访者组织了4天或更长的旅游。尽管我们没有跟踪2010年的旅行天数,但是45%的受访者表示"缩短旅行时长"是继"取消发放奖品"之后排名第二的减少开支的常用方法。

尽管2000年76%的奖励旅行都包含有会议或者培训的部分,但有关面向企业社会责任之类的活动则从未听说。在2011年的调查中,35%的受访者在旅程中加入了慈善类的活动。

在2001年的调查中,有59%的受访者组织的是海外奖励计划,而今年却有

31%出于节约成本的考虑将目的地从海外改在了国内。

☞ 案例

奖励旅游:亚洲备受青睐

近年来,风靡欧美的奖励旅游市场在亚洲各国受到重视并得到了快速的发展。旨在增进亚洲地区 MICE 产业交流及联络的亚洲 IT&CMA(奖励旅游及会展旅游)已经连续举办了 11 届。第 11 届于 2003 年 11 月 4 日~6 日在泰国曼谷举行。买家来自全世界 39 个国家或地区,其中欧洲最多,占 48%,亚洲占 42%、北美占 6%、中东占 1%。会议的主题是"开拓你的疆界与机会"。

由于亚洲 IT&CMA 从 2002 年起连续三年在泰国召开,这给了泰国旅游界一个极好的展示和推广会奖旅游产品、服务和设施的机会。泰国旅游局表示,推广会议及奖励旅游是要在 2006 年将泰国建成"亚洲旅游之都"计划的重要内容。而据泰国奖励会议部门统计,2002 年,泰国会奖活动出席人次达到 412 919,同比增长了 23.12%;随同团队达到 59 365 个,增长 21.50%;包括随同团队的花费,所有活动的收入为 3429.7 亿泰铢,比上年增长了 23.75%。

由于具有高度安全,交通便利,加上多国免签证等优势,香港旅游发展局也把奖励旅游客源视为焦点市场,并于 2003 年 8 月率先推出了首个"Imagine HongKong"活动。针对短途市场,邀请 50 多个东南亚的旅游业界人士参与一个 4 天的行程;针对长途市场,邀请了 70 位来自欧洲、美国、加拿大、澳大利亚及新西兰的奖励旅游代理商及传媒参加新一轮的奖励旅游推广活动,为代表们特别安排了亲尝太极乐、有风水师沿途讲解的维港游、茶道讲解、上海之夜,以至寻宝游戏等别具特色的行程。而且为 2004 年 3 月 31 日前到香港的奖励旅游团,特设了"Hong Kong REWARDS!"即给予 10 人或以上的海外团体超值优惠及 30 人或以上的海外团体可选择更多由香港旅游发展局赞助的各种文化表演节目。

新加坡是国际顶级的会展之都,拥有良好的软、硬件设施以承办各种类型的会议、展览及奖励旅游。过去 10 年来,新加坡的奖励旅游市场每年都有较大的增长。自 1994 年起,平均每年约有 3100 个奖励旅游团体、超过 12 万名奖励旅游旅客前往新加坡。中国奖励旅行团目前是新加坡第三大旅客来源地,据新加坡旅游局 2003 年 9 月份的统计,从中国到新加坡作奖励旅游的人,比上年增加了将近 60%。

日本东京一直以来都是许多亚洲企业选择的奖励旅游城市,面对更多大城市的激烈竞争,东京近期最主要的诉求主题是"Tokyois Changing"。为了发展更多的奖励旅游市场,东京将进行三处重要建设计划,包括 Poppongo Hillarea(六本木商业区)、Shinbashi – Shiodomearea(新桥汐商业区)及 Shinagawaarea(品川商业区)等。

另外,印度、马来西亚等亚洲国家近年来也加大了奖励旅游市场的开发力度,印度政府还在旅游部专门成立了由航空公司、饭店、会议中心、专业的会议组织和旅行业者等组成的会奖旅游管理机构。

资料来源:http://www.17u.com/news/shownews_45405_0_n.html 一起游网

二、国内奖励旅游的现状与发展趋势

随着中国旅游业的发展,旅游产品结构已从单一的观光旅游向多元化的方向发展,旅游产品市场在不断的细分。会展旅游就是其中尤为引人注目的一个细分市场。

(一)国内奖励旅游的现状

会展旅游中会议和展览旅游部分因其高回报和强大的经济带动作用,已成为中国旅游业发展的新亮点,得到我国各地的广泛重视。而会展旅游中的奖励旅游部分,虽然利润十分可观(据有关方面报道,接待一个大型豪华奖励旅游团所获收益与接待普通旅游团相比,高达5至10倍),但由于起步晚,对目的地的要求严格,以及一些社会因素等,在我国奖励旅游仍属起步阶段。而且采用奖励旅游的先导企业多是外资公司,如友邦保险公司、安利公司、惠普公司、欧司朗公司、IBM公司、韩国三星公司、美国微软公司等。正是这些外资公司带动了中国企业对奖励旅游的需求,催生了中国的奖励旅游业。目前,我国的奖励旅游发展较快的首推广州、北京、上海。

1. 广州奖励旅游发展

广东省旅游界领导一致看好这一市场,并指出"会展奖励旅游业潜力巨大,但首先必须帮助企业提升对它的理解,然后才能真正培养出一个庞大的市场"。2010年6月,广州世纪假日旅行社成功接待了来自马来西亚的安联人寿一行430人的团队,该团队在深圳进行了为期4天的观光游览活动。除此之外,在国际旅游市场促销方面,广东组织省内各市早已参加或将参加由国家旅游局牵头组织的中日旅游交流活动、德国柏林展、瑞典哥德堡旅游展、瑞士日内瓦欧洲会奖旅游展、美国芝加哥会议奖励旅游展等一系列国际会展促销活动。

"广之旅"是广州地区最具规模的综合性大型旅游企业,全国百强国际旅行社之一,"广之旅"的"奖励会展旅游拓展部"正是在公司的整体实力和优势的基础上发展起来。该拓展部专门帮助企业设计包装奖励旅游产品,有目的地将企业文化有机融入旅游当中,尽量使员工感受到旅游不是旅行社的行为,而是企业一种荣誉至上的集体活动,使一次奖励旅游活动成为参与者永远值得记忆的事情,而不仅是游山玩水,这就要有一个很好的主题包装。几年来,"广之旅"承办了大量的会议奖励旅游,取得了令人瞩目的成绩。

1996年,"新之旅"开始涉足会展奖励旅游市场,惠浦、欧司朗等著名企业都曾与之合作开展过该业务,并且从1998~2000年连续三年操作广东省外经贸厅的大型对外招商引资洽谈会。近年来,"新之旅"多次邀请国内外专家对员工培训,提升他们对MICE市场客户需求的细分能力,同时"新之旅"成立了会展项目部,专门负责筹划遍及世界各地的展览、招商、培训等大型项目,提供资讯、策划、操作等一系列的服务。在会展奖励旅游市场起步较早的新之旅将在今后更好地扮演领航者的角色,与同行一起推动中国MICE市场的发展。为进一步推广会展奖励旅游概念,"新之旅"组织了"新世纪—新之旅MICE主题晚会"。晚会共有国内外旅游界要员和美国友邦保险、惠普等知名企业的400余名嘉宾参加,大会围绕有关MICE在国外的发展现状及国内旅游界如何开拓该市场等几大议题展开热烈的讨论,推广了奖励旅游的概念。

2. 北京奖励旅游发展

虽然北京拥有丰富的旅游资源、现代化的设施和日趋完善的服务,成为适于推广奖励旅游的国际都市之一。但由于奖励旅游在我国刚刚起步,北京也只是在2000年才开始接待国际奖励旅游团。

为推广与普及奖励旅游市场及观念,作为中国第一家从事奖励旅游的专门机构——中国旅行社总社国际会议奖励旅游部,举行了"奖励旅游在现代企业中的作用"大型推介说明会。此次活动邀请了世界各地奖励旅游协会著名专家授课,澳大利亚、新西兰、瑞士、日本、中国香港、夏威夷等各国或地区的旅游局参与,国内外知名企业管理者出席。此次活动传授奖励旅游新概念,启发企业管理的新方向,提供企业发展的新思路,并让与会者亲身感受一次真正的奖励旅游。中国(北京)国际商务及会奖旅游展览会(以下简称"CIBTM")自2009年起,由北京市旅游委和励展旅游展览集团联合承办。近三年来,先后有300多名国外买家通过展会在北京采购,平均每年国外买家在会奖旅游市场的采购价值为138亿元。

旅游委对北京高端会奖旅游产业的支持,可以概括为"政策带动、平台推动、服务拉动、强化推广"。自2012年起,旅游委先后出台了《北京会奖旅游奖励资金办法(试行)》《北京市旅行社入境奖励资金管理办法(试行)》、"72小时过境免签"等重要政策。此外,还成立了高端会奖旅游服务机构(BCVB),并每年组织企业参加国内外有影响力的会奖专业展会,举办各类海外推广活动。

2001年3月25日—27日,经香港旅游协会协助组织,来自美国、加拿大、英国、新西兰等的二十六家颇具实力的旅行社总裁、副总裁,应北京市旅游局的邀请,在北京进行了为期三天的考察。这些旅行商长年致力于经营奖励旅游市场,掌握着世界大型企业奖励旅游的客户资源,对北京开展该项旅游市场具有重要的合作前景。承办此次活动的北京神舟国际旅游集团对考察团行程做了精心安排,旅行商考察了景点、饭店、商店及晚间娱乐、会议等诸多设施,充分显示了北京奖励旅游的城市主题是:"现代皇城"。

2000年9月美国大都会保险公司(METLIFE)的奖励旅游——总裁会议在北京顺利举行。总裁罗伯特·本墨契先生召集分布在世界各分公司的高级管理人员,约500余人由世界各地聚集到北京。贾庆林市长于9月12日出席了该公司在中国大饭店举行的总裁会议并会见了该公司总裁罗伯特·本墨契先生。在北京市政府、北京市旅游局和北京外企服务集团的支持下,和平国旅经过两年的精心准备,使此次奖励会议在北京成功的召开。此次会议的成功举办,有利于迅速打开美国会展旅游市场,将北京打造成为世界奖励旅游的中心城市。

3. 上海奖励旅游发展

正如ICCA国际会议协会主席对上海的概括:"摩登、有活力、充满了现代气息,因此国际上跨国公司的会议可能更多地选择在此。"上海市旅游委已加入ICCA组织,成为中国首位ICCA组织的地区代表。这是对外整体推销上海形象,打造上海会展之都,把上海的会展业发展导入正轨并进入良性循环的一个契机。

2002年1月29日—30日,上海市旅游委举办了"上海会展旅游高级研修班"。

3月22日—23日,上海首届国际会议专业培训课程在金茂君悦大酒店进行,上海市旅游委,上海部分四、五星级酒店,国际旅行社,国际会展中心及北京、澳门等地近60名高级管理人员和业内人士参加了此次培训活动。

上海市旅游事业管理委员会主任姚明宝日前宣布,委任香港前旅游协会总干事陈郑绮艳女士为上海市旅游事业管理委员会高级顾问。

这些都充分显示了"上海市旅游委及业界重点开发国际会议、展览及奖励旅游业务,建立上海市在此行业的品牌及领先地位,使上海市更快成为亚太区内最重要及成功的国际会展城市之一"的决心。

上海的会议和展览业的确已在国内会展旅游市场上表现出凸显优势,在国际市场上亦有影响。曾成功接待99财富论坛和2001年APEC会议,现各种国际国内会议、展览更是接连不断。然而奖励旅游市场的发展却不像会议和展览业那么显著,宣传和推介的力度不如北京和广州。曾承接的主要奖励旅游团有:

2000年,日本大型奖励旅游团;2001年,西班牙波利CRV322奖励旅游团124人;2002年锦江旅游有限公司接待了一个大型豪华的奖励旅游团。

(二)国内奖励旅游的发展趋势

近年来,我国旅游业持续健康快速发展,旅游产品结构也逐步从单一走向多元。旅游部门和旅游企业开始积极培育和推广奖励旅游市场。比如2003年,经香港旅游协会协助组织,北京市旅游局邀请来自美国、加拿大、英国、新西兰等的二十六家颇具实力的经营奖励旅游的旅行社总裁、副总裁近百人,于3月25日至27日到北京进行了为期三天的奖励旅游资源考察,并签下多份订单。北京奖励旅游的主题是:"现代皇城"。国、中、青和广之旅等旅行社几年前就成立了专门开发和推广奖励旅游产品的会奖旅游部(处),并举办过一定范围的奖励旅游产品推介会;和平国旅还加入了国际奖励旅游协会(SITE),成为中国内地的唯一会员,并在美国注册了"中国奖励旅游网";不少旅游商务网站和旅行社企业的网站上都有专门的奖励旅游产品和奖励旅游线路介绍。

经过精心培育和不断推广,奖励旅游作为一个新兴的旅游项目,越来越受到国内一些企业和员工的青睐。现在参加的企业由外企逐步发展到民企、国企;地域也从北京、上海、广州等发达城市拓展到了西安、成都等西部城市;目的地也由省内、国内走向了境外;人数和费用也都不断提高。

目前,国内一些旅行社也开始从奖励旅游中得到实惠。据了解,有的旅行社在2003年11月、12月,奖励旅游几乎占到了整个业务的"半壁江山"。比如,11月15日,由"广之旅"等组织的雅芳公司大型奖励旅游团280多人,分别从穗、京、沪三地出发飞抵新加坡。16日,旅游团乘坐亚洲最大的邮轮"处女星"号开始游览马六甲海峡。十几天下来,不仅客人感到非常满意,旅行社也获得了较好的经济效益和社会效益。

当然,随着旅行社业的更加开放和更多外资旅行社的进入,对国内刚刚起步的奖励旅游市场无疑将是一个巨大的挑战。对此我们的旅游企业要提前做好准备。

一是要加强研究、探索和交流,积累经验,不断提高开发奖励旅游市场的专业化水平,逐步做到设计专业化、产品专业化、接待专业化、服务专业化。

二是要着眼于产品的高价值,保持奖励旅游市场的高端性,避免无序的价格竞争,影响中国作为奖励旅游目的地的市场形象和品牌形象。

三是要多条腿走路,既要组织国内企业的奖励旅游团走出去,更要把国外大型的奖励旅游团请进来。

四是要把奖励旅游和会展旅游、商务旅游等综合起来考虑,加强区域合作,通过培训加快培养奖励旅游专业人才。

任务二　奖励旅游的策划

任务导入

三种富有创意的"奖励旅游"

奖励旅游活动一般是公司为了奖励自己的员工而设计的。这些特殊的旅游活动除了对服务设施和质量的要求非常高、所有消费都是超豪华外,还要极具创造性,要能让参加旅游的人们获得与众不同的经历和体验。怎样才算是与众不同?以下是目前国内外奖励旅游公司在计划奖励旅游活动时常用的几种创意和思路,对 HR 选择旅游公司和设计旅游方案会有很大的帮助。

一、出其不意型

出其不意型就是事前不要告诉客人会有哪些具体的活动,要让客人在完全不知情的情况下获得意外惊喜。

一家国内的旅游咨询公司就很擅长这一招儿。一天晚上,当他们带着一个荷兰奖励团来到长城脚下,并突然宣布晚上将在那儿享用一顿晚宴时,那些荷兰客人霎时非常兴奋,有的甚至都激动得哭了。他们事先并不知道还有这样一个新奇的安排,着实被感动了一把。

而在如今足底按摩非常流行的情况下,也有公司出其不意而又恰到好处地为国外客人们设计了这项服务。曾有公司给一批日本客人制造过这样的惊喜:在吃完全聚德烤鸭返回酒店的路上,司机突然说车坏了,赶紧下来吧,需要推一推。而当客人们都下车后,他们被告知路边有一个地方可以去休息一下,于是他们就被带着去做了足底按摩。

二、极富挑战型

但对于许多年轻人和寻求更多刺激体验的人来说,仅仅出其不意似乎还很难让他们真正感觉到与众不同。他们喜欢冒险,他们想要参与更富挑战性的活动。

为此,曾有国内公司为一个国外奖励团设计过一个探宝活动。活动要求参与者先到前台去找一个穿红色衣服的人,得到一张纸条,然后再按着纸条上的提示去找线索。纸条上面写的全是中文,参与者首先得把纸条上的意思弄明白,当上面写着"你的节目单在你房间内"时,他就要回房间找到节目单。拿到节目单后再到某某站去坐地铁,然后到另一个站下,再找下一个地方。整个探宝活动持续了一整天,所有的路线都是用中文写的,这就需要参与者不断向四周的中国人请教,对于许多不懂中文和初次到中国来的外国客人来说,真是充满了挑战。

而在国外,一些极富创意的挑战性活动在设计上更是到了挖空心思的地步。比如,曾有一个奖励活动是:当客人们来到了一个村子时,背后突然钻出了一帮警察,说他们违法了,要把他们带到局子里面去。整个活动俨然就像一部自导自演的好莱坞大片,游客们在短暂的旅行中获得了一种前所未有的体验。

三、社会意义型

而在注重享受和刺激之余,也有的人希望能在旅行中做些有意义的事情,能够去关心和帮助一些需要帮助的人。

Ingram Micro 就为自己的 125 位客户安排了一个类似的活动:到夏威夷岛上去

帮助无家可归的人搭建住处。客人们对自己第一眼看到的情景非常吃惊,但很快他们就积极地按照活动的安排行动起来了。到上午10点多钟休息时,这个特殊的工作组已经漆好了19个住处。然后他们开始美化,并为住处的43个儿童建了一个操场。Ingram Micro的125位客户都来自电脑公司。当他们看到当地落后的电脑室时几乎要晕倒了,他们捐出了6套电脑系统以及双人床、小货车等许多物品。

活动中所有的参与者都很积极。他们都很要强,希望自己的房子漆得比别人的好。他们还主动为无家可归的人筹集了4万美元,把当天的活动推向了高潮。

除此之外,还有的奖励旅游活动策划人带着300名高级销售人员和客人去了肯尼亚。他们给当地的学校带了一些书籍,还参观了一个孤儿院。奖励旅游的时间虽然较短,但通过有意义的社会活动,许多参与者都感受到了作为一个社会人的责任和义务,在旅行中他们也为当地的建设投入了自己的时间、想法和精力,而不只是一个匆匆过往的游客。

"一千个人眼中有一千个哈姆雷特"。所以,要让几十个、甚至几百个人都能在一次旅游或一个活动中获得与众不同的体验并不是一件容易的事儿。而除了有好的创意之外,还要保证活动能经得起许多意外,并能顺利进行下去。

资料来源:http://www.cnpension.net/index_lm/2008-08-22/news1219334964d489534.html

活动五:奖励旅游的策划

策划方案实例

"玉溪卷烟厂优秀调烟师奖励旅游"活动策划方案

策划人:北京神舟国旅雍和宫门市蒋经理

一、成功策划本次奖励旅游的前期准备

1. 此次奖励旅游的实质目的分析

调烟师是现代烟草集团新产品研发的高级骨干技术人员,专门从事对卷烟新产品的开发,在保留烟草的香味的同时,对尼古丁、焦油等有害人体健康的物质进行严格调控,尽量减少对烟民的身体损害。根据了解,在挑选合格的调烟师时,要求十分苛刻,尤其是身体素质和技术水平高低上,因此,普通的调烟师年薪一般达到30万元以上。

北京神舟国旅雍和宫门市此次受红塔集团玉溪卷烟厂厂部的委托,对本年度被评为优秀调烟师的10名员工以及一名优秀女主管策划一次奖励旅游活动。其中男性6名,女性5名,男女比例基本上维持在1:1。这样的比例有利于本次奖励旅游线路及特殊行程的安排策划。

根据玉溪卷烟厂厂部领导的委托，本次奖励旅游主要是为了对这10位优秀员工在开发红塔新产品"人为峰"、"新势力"这两种品牌烟上，做出的突出贡献。并适当地起到增强员工荣誉感，加强团队协作精神，放松身心的作用，期间旅游娱乐费用全由厂部报销。

2. 客户的企业特性与背景分析

玉溪卷烟厂为全国卷烟行业唯一的国家一级企业，中国乃至亚洲最大的现代卷烟生产基地，以卷烟的优质高产闻名遐迩，享誉海内外。玉溪人以"天下有玉烟，天外还有天"作为企业精神，它生动形象地体现了广大玉烟人的共同信念和必胜信心的精神风貌。要做到这一点，就必须练就一流的技术，创造一流的产品，提供一流的服务；就必须树立一流的厂风，培养一流的素质，造就一流的人才队伍。因此，培养和留住企业优秀技术人才至关重要。

调烟师作为该企业的特殊人才，在开发奖励旅游时，我们应着重重视他们对个人隐私和希望受到团体注目等特点，再根据不同性别类型的客户进行不同的规划。这些人员作为一个团体，应推出具有团体协作性，又注重个人享受的旅游产品。

3. 行程的特殊要求分析

调烟师为高级技术人才，长期处于较为压抑的环境下工作，渴望得到放松，有多数为年轻人，鉴于这一点，可推出探险、狩猎、登山等个性突出、探险性强的旅游产品；他们属于高消费群体，对价格不敏感，对住宿和餐饮质量要求高，因此在饭店选择时可以选择四星级以上的酒店；同时这些年轻人正处于恋爱阶段或新婚初期，容易追求浪漫的旅游方式和旅游产品。丽江作为浪漫之都，柔软时光的胜地应作为首选目的地。

同时，我们还要举行具有民族特色的主题晚会，或惊喜派对，根据场部要求，期间还要对这十一位员工开一个表彰大会，会议地址选择上应尽量空旷，具有一定的特色。

4. 对企业的预算分配分析

根据厂部财务处分配额来看，本次奖励旅游最大可用资金为10万元，其中要求召开一个小型的表彰大会外，其他活动为本旅行社做具体安排。神舟国旅雍和宫门市蒋经理认为该企业此次奖励旅游经费比较充裕，且奖励对象都为高薪阶层，在奖励旅游次数、主题活动、出游时间上可做较为宽裕的安排，有信心将其举办成为丰富多彩、娱乐身心的旅游活动。

二、本次奖励旅游的执行流程

1. 决定执行人员及工作分配

经过神舟国旅内部会议讨论，决定此次策划方案由市场营销部完成，其他部门配合其完成工作。根据策划方案决定选配一名特种导游和一名优秀的地方导游。

特种导游主要负责探险旅游的引导工作,而导游则负责丽江观光景点的解说引导工作。全部方案由市场部经理统一指导。

2.行程设计与规划

(1)明确线路名称:"寻梦大香格里拉"。

(2)旅游线路:丽江—香格里拉县—泸沽湖—亚丁稻城—丽江。

(3)计划活动日程:6月8日抵达丽江,住宿国际大酒店,当天游玩古城,次日上雪山,感受玉龙风情。

6月10日乘越野车抵达中甸,游玩3天。主要景点:松赞林寺—纳帕海—奔子栏—金沙江第一弯—东竹林寺—德钦县城—梅里雪山。

6月13日晚抵达泸沽湖,游玩3天。D1:参加摩梭人的民族歌舞晚会,住宿湖边摩梭人家.D2:乘船游泸沽湖,游玩蓬莱三岛,还有半天,沿湖溜达。晚上吃湖边烧烤,与摩挲姑娘小伙聊天。

6月16日起程去稻城亚丁。路线:稻城—日瓦,俄初山—冲古寺—洛戎牛场—牛奶海,五色湖—海子山。游程为3天,20日返回丽江,在丽江国际大酒店举行优秀调烟师表彰大会。

附:丽江国际大酒店简介

丽江国际大酒店是由云南省丽江市七星房地产开发有限公司按照国际五星级标准投资建造。

建筑面积3万多平方米,位于世界文化遗产名城云南省丽江市。酒店远眺玉龙雪山,毗邻著名的丽江古城及七星商贸街,地理位置得天独厚,交通便利。

丽江国际大酒店拥有三百多间融合纳西民族文化特色建筑风格的超豪华舒适客房。房间具有皇家贵族的装饰、中式古典的装修风格。酒店提供各种全方位的需求。幽雅、舒适的住房空间。所有客房宽带上网、独立的淋浴间和浴缸、国际卫星电视、迷你吧、提供国际长途及传真、洗衣服务等。

丽江国际大酒店提供世界各国及当地独特的美味餐饮:纳西特色风味厅、优雅的音乐另加美酒相伴,让您享受轻松休闲的高雅法国餐厅、覆合式咖啡厅、风格独特的时尚酒吧。

丽江市唯一可同时用餐及欣赏玉龙雪山美景的屋顶花园休闲烧烤餐厅,出品的原材料是从酒店专属有机生态农场特别提供,让消费者吃得安心、健康;全球最先进设备的各种大小会议室,满足您全方位的不同会议需求。

娱乐方面:提供最时尚的音响效果的KTV;设施先进的棋牌室;温馨亲子游泳池;国际级的健身房;专业时尚发型设计及贴心美容护理服务;同时享受专业保健按摩及独家香精沐足疗法让您的身心充分放松,完全舒解旅途的疲劳。

(4)线路评价与分析

本路线主要为厌倦常规旅游、喜欢特别体验和刺激的特定人群所设计的,本次服务对象都属于文化水平较高的年轻人,他们热爱探险,这条线路适合团队协作精神的培养。奖励旅游的特殊性是顾客对价格不敏感,而更注重旅游给他们带来的超值体验。

这条始终以"寻梦香格里拉"为核心的线路与其他普通旅游线路相比,具有以下几个特点:

①线路设计上更进一步,选择国家级科考探险线路,深入到鲜为人知的最美的一段,有民族风情、雪山探险、野营、骑马、生态、科考、摄影于一体。整个行程安排在普通游客所能吃苦受累的承受范围之内,而不是一味的艰辛和探险。

②安全保障更进一步,拥有全套野外生活装备和具有10年专业野外生活经验的特种导游一名,有经验的越野司机一名,全程专业带队。

③旅游体验更进一步,在行程中安排了特别的体验活动和培训讲座,奇景、民风、人文全能领略,甚至到藏民家做。

④旅游服务更进一步,探险生存培训,全程VCD录像,并在活动之后制成光碟分发给顾客。

这样的旅行就像新鲜的呼吸,令人感觉心旷神怡。但普通的旅行常常走马观花,呼吸一下就过去了,有这样一种旅游值得他们去深呼吸体验,只要一次,就可以回味一辈子……

(5) 出发前动员誓词

除在丽江住宿酒店外,大部分地区住宿为帐篷露营或住宿当地民居家,途中需忍耐泥泞山路的颠簸,需习惯瞬息万变的霜雨与烈日,需克服在万丈悬崖上盘旋行车的恐惧,需在军用帐篷中忘掉热水、灯光与抽水马桶,咀嚼着青草的香味沉沉入睡,需要一种激情,就是无论多脏、多苦、多累、多险,你都能爱这条路,因为这里是寻梦香格里拉之路。

(6) 征询企业意见

策划方案制订后,征询玉溪卷烟厂领导及11位受奖励的员工的意见,再进行局部的改动。与企业决策者进行面对面的交流,同时介绍北京神舟国旅有关奖励旅游的行程、路线、活动设计、服务、经典案例,让企业决策者了解本旅行社能为企业提供哪些细致、独特、完美的服务。

三、与玉溪卷烟厂保持密切的售后关系

1. 适当时间举行企业招待会、联谊会等活动。旅行社还可举办野餐会、舞会,举办旅游摄影比赛等活动,扩大影响。

2. 赠送纪念品,寄生日贺卡和假日贺卡,或者赠送特殊奖品。

资料来源:http://www.guolvol.com/abroad/201008/22-80523.html

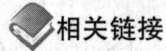相关链接

奖励旅游项目策划书的撰写流程

项目策划是一门新兴的策划学,是指以具体的项目活动为对象,体现一定的功利性、社会性、创造性、时效性、超前性的大型策划活动。项目策划要坚持可行性、创新性、无定式、价值性、集中性、智能放大、信息性原则。

对于奖励旅游项目策划书,可以参考以下流程:

一、项目调研

项目调研是指在一定的营销环境下,系统地收集、分析和报告有关项目信息的过程。项目策划要作出正确的决策,就必须通过营销调研,准确及时地掌握市场情况,使决策建立在坚实可靠的基础之上。只有通过科学的项目调研,才能减少项目的不确定性,使市场决策更有依据,降低项目策划的风险程度;另一方面,项目策划在实施过程中,可以通过调研检查决策的实施情况,及时发现决策中的失误和外界条件的变化,起到反馈信息的作用,为进一步调整和修改决策方案提供新的依据。

项目调研内容:作为项目决策的依据,项目调研涉及项目活动的全过程,具有丰富的内容。

常见的项目调研活动包括:1.项目市场的特点 2.项目销售分析 3.项目市场的潜力 4.项目经济趋势研究 5.项目竞争产品研究 6.项目行情研究 7.项目竞争者实力。

二、项目市场细分与选择

项目市场细分:项目市场细分就是指按照项目消费者或用户的差异性把市场划分为若干个子市场的过程。市场细分的客观基础是消费者需求的差异性。

项目市场选择:项目市场细分化之后,存在着众多的子市场,如何在子市场中选出自己的目标市场,主要有以下几种策略。

1. 集中性策略;

2. 无差异策略;

3. 差异性策略。

三、奖励旅游项目策划书撰写

在一系列前期工作结束后,应着手编写项目策划书。项目策划书的主要构件有以下几项:

(一)封面。1.策划主办单位;2.策划组人员;3.日期;4.编号。

(二)序文。阐述此次策划的目的,主要构思、策划的主体层次等。

(三)目录。策划书内部的层次排列,给阅读人以清楚的全貌。

(四)内容。策划创意的具体内容。文笔生动,数字准确无误,运用方法科学

合理,层次清晰。

（五）预算。为了更好地指导项目活动的开展,需要把项目预算作为一部分在策划书中体现出来。

（六）策划进度表。包括策划部门创意的时间安排以及项目活动本身进展的时间安排,时间在制定上要留有余地,具有可操作性。

（七）策划书的相关参考资料。项目策划中所运用的二手信息材料要引出书外,以便查阅。

注:编写奖励旅游项目策划书要注意以下几个要求:(1)文字简明扼要;(2)逻辑性强、句序合理;(3)主题鲜明;(4)运用图表、照片、模型来增强项目的主体效果;(5)有可操作性。

四、项目方案实施

奖励旅游项目策划书编写出来之后,应制定相应的实施细则,以保证项目活动的顺利进行,要保证策划方案的有效性应做好三方面的工作:

（一）监督保证措施。科学的管理应从上到下各环节环环相扣,责、权、利明确,只有监督才能使各个环节少出错误,以保证项目活动的顺利开展。

（二）防范措施。事物在其发展过程中有许多不确定的因素,只有根据经验或成功案例进行全面预测,发现隐患,防微杜渐,把损失控制在最低程度内,从而推动项目活动的开展。

（三）评估措施。项目活动发展到第一步,都应有一定的评估手段以及反馈设施从而总结经验,发现问题,及时更正,以保证策划的事后服务质量,提高策划成功率。

资料来源:http://a.lwcj.com/cehua00003025.html

活动六:奖励旅游的运作模式

从一般意义上讲,奖励旅游活动要想成功实施必须有良好的运作模式。从世界范围来看,经过几十年的发展,奖励旅游已逐步形成了以下三种主要运作模式:一是委托给旅行社来运作实施;二是由专门的奖励旅游顾问公司来运作实施;三是由奖励旅游企业内部的专门部门来运作实施,如德国就有约2/3的公司由自己的经营部制定奖励旅游方案。奖励旅游方案的制定虽不皆由旅行社负责,但制订奖励旅游的具体计划并付诸实施时,结果却是绝大部分要通过旅行社。在我国,当前旅行社是主要的奖励旅游组织者,也是企业与旅游服务提供者联系的纽带,在奖励旅游的成功运行中意义非凡。

对于不同的运作模式,其操作流程各有区别,但是从三种模式涉及的对象来看,它们又存在着共同点,那就是"服务供应方、奖励旅游组织者、奖励旅游提供者、奖励旅游参加者"这四者缺一不可(见图5.9)。

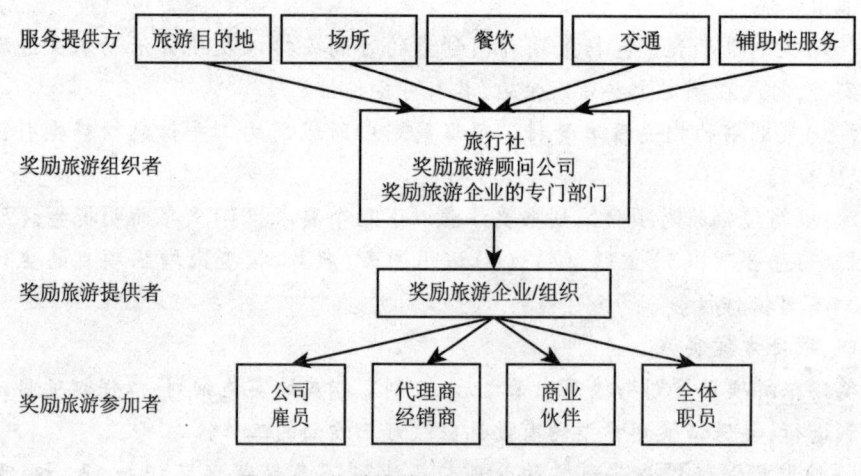

图 5.9　奖励旅游组织运作模式示意图

奖励旅游服务供应方通常由旅游目的地供应方、场所供应商、餐饮住宿供应商、交通供应商、辅助性服务供应商等构成。从构成上讲,这些作为一个有机整体,缺一不可。从花费上讲,在德国40%用于旅游目的地,26%用于交通,其他占34%。从组成性质上讲,前四者是一般因素,辅助性服务是独特的体现。与其他奖励方式相比,奖励旅游并不便宜,但其主要优点是更加难忘和非比寻常;与其他旅游形式相比,奖励旅游对辅助性服务的强调成就了其独特之处。在奖励旅游行程中安排的会议、培训、颁奖典礼、主题晚会的特殊内容,不仅将企业犒赏的目的表现得淋漓尽致,也使活动更加别致与难以忘怀。

奖励旅游组织者根据具体实施的不同分为三种主要形式,这三种形式构成了奖励旅游的三种基本运作模式。具体为:旅行社;专门的奖励旅游顾问公司;奖励旅游企业内部的专门部门。

奖励旅游企业或组织是奖励旅游的供给者,也是服务接受的主体。首先,企业经营者面对激烈的市场竞争,构思出新的激励方式——奖励旅游,以此作为提升公司生产力的有效手段,其也成为奖励旅游得以进行的前提;其次,利用对经费预算和时间的限制,企业实现着对目的地选择的完全控制;第三,对企业营运性质与特殊行程需求的了解,是提供令其满意的产品和服务的基础;第四,企业对旅行社提供的产品与服务满意与否,成为二者合作关系能否持续的关键。以企业个别而论,高利润且重视个人业绩的行业,如直销、保险及人力密集的制造业,最需要有奖励旅游的概念;高科技企业、公司规模越大,制度越健全,越需要举办奖励旅游,往往会成为专业奖励旅游公司(旅行社)最大的客户来源。

奖励旅游参加者(受众)是奖励旅游的最终直面对象。会展企业进行奖励旅游的目的决定了奖励旅游受众是旅游行程成功与否的最终评判者,因此就要求旅游组织者提供的服务既要让受众对奖励旅游的行程满意,又要对其售后服务满意,二者缺一不可。在奖励旅游受众中,绝大部分为团体旅游,极小部分为私人旅游。以现在的德国为例,17%为私人旅游,团体旅游占到80%。二者之中,团体旅游为接待重点,它也是市场发展的主流。奖励旅游受众的一种新趋向是带家属参与,之所以要带家属出游,一方面由于受奖励员工取得成绩与家庭的支持分不开,因此奖励时要对此予以充分认识;另一方面,受奖励员工也愿意与家人一起被作为奖励对象。据美国一项调查显示,受奖励职员大部分为已婚男性,他们在外出旅游时90%以上携带夫人,25%的人携带孩子。事实也证明,企业因此而增加的部分开销绝对是物超所值的。

活动七:实训

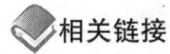相关链接

港中旅——李宁公司五星级经销商奖励团
港中旅——李宁公司五星级经销商奖励团详细行程

团队介绍:

本团为港中旅同行客户交给我们全程负责接待的某著名体育用品公司经销商奖励团,全团共23人,其中22人为奖励团贵宾成员,1名领队由同行客户直接担任。

深度玩法:

意大利常规城市结合西西里岛,体验非比寻常的意大利之旅,挖掘意大利迷人的自然风光。

行程设计:

1. 客户要求:在行程的设计之初,我们的同行客户指定了意大利为此次贵宾奖励团的目的地,并希望此次行程可以安排一些意大利非常规特色景点,让该团的贵宾们既可饱览意大利常规城市,又不枉此行,欣赏到意大利独有的迷人风光。

2. 设计思路:了解到同行客户的需求,我们考虑到行程时间大约在6月份,正是欧洲度假胜地、意大利南部岛屿西西里岛的最佳观光时间,配合意大利世界闻名的常规城市:时尚之都米兰、文艺复兴发祥地佛罗伦萨、迷人水城威尼斯、历史古城罗马,我们的贵宾们将可感受到来自意大利不同的风光特色。

3. 行程特色:"如果不去西西里,就像没有到过意大利,因为在西西里你才能找

到意大利的美丽之源",这个地中海上最大的岛屿(见图 5.10),也是意大利面积最大的省份,迷人的自然风景与人文风景非常和谐地融合为一体。

图 5.10　意大利西西里岛美景

活动创意:

由于全部团员为我国著名的体育用品经销商,所以在团队的行程安排上,我们按照客户要求,安排了前往威尼斯附近的特雷维索,参观乐途总部的活动。

乐途(Lotto)是意大利体育领域一个主要的品牌,并是足球、网球领域的领导者。总部位于特雷维索,曾经拥有当地的特雷维索队。成立之初,LOTTO 主要把精力集中在网球方面,当时一提起 LOTTO(见图 5.11),首先令人想到的就是网球鞋和网球 T 恤。后来,LOTTO 把目光转向了风靡亚平宁半岛近百年的世界第一大运动项目——足球,给绿茵豪门提供足球鞋和运动衣,如今连绿茵场上的执法者——裁判也偏爱 LOTTO。足球用品逐渐成为 LOTTO 的主战场。在问世的头 10 年里,LOTTO 迅速在意大利打开市场并占据了举足轻重的位置。现在,LOTTO 已跻身世界著名运动品牌之列,行销五大洲的 80 多个国家或地区。

图 5.11　LOTTO 品牌标志

签证操作:

挑战一:客人为各地经销商,要求不参加使馆面试。

解决方案:北京领区 18 人可以申请 ADS 旅游签证,所以客人不需要来面试,上海领区4人,按规定要申请个人旅游签证,我们查看了上海领区的免面试条件:(3年内,去过2次欧洲或者1次申根+1次美国(加拿大、英国),所谓的去过是指必须要有签证页且有出入境记录),因材料不符,最终4位客人还是要去领馆面试。

挑战二:意大利使馆每月10号之前预约下一个月的名额,但是我们收到这个团的确认信息已经在10号之后了。

解决方案:经过和使馆的协商,我们争取到了一个计划外的名额,并按计划把所有材料送交使馆。

签证结果:客人签证最终于出发前一天下午全部顺利出签。

酒店选择:

客户要求:全程豪华酒店,但预算有限。

我们做到:

1. 因为西西里岛的陶尔米纳五星级酒店价格很贵,所以我们建议安排市中心意大利连锁酒店:ATAHOTEL Capotaormina Resort 4＊(见图5.12),因为酒店的设施及陶尔米纳的风景都非常漂亮,即使不是五星级酒店,客人仍然非常满意,其他城市我们均安排了市中心国际连锁五星级酒店,为同行客户节省了一笔费用,而客人都很满意。

米兰:WESTIN PALACE IN MILAN 5＊,

威尼斯:VCE LUNA BAGLIONI 5＊,

佛罗伦萨:MONTEBELLO SPLENDID 5＊,

罗马:WESTIN EXCELSIOR ROMA 5＊,

陶尔米纳:ATAHOTEL Capotaormina Resort 4＊。

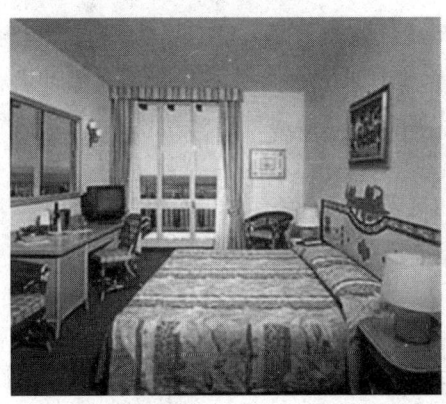

图5.12　陶尔米纳ATAHOTEL Capotaormina Resort 酒店

2. 为贵宾客户办理快速入住,免去现场等候办理时间。

3. 全部安排美式自助早餐。

导游服务：

客户需求：根据同行客户的介绍，我们考虑到此奖励团成员的 VIP 及他们的文化程度、自身素质，特意安排了我们公司的金牌导游邓导及池导完成内陆段及西西里岛段的接待工作。

专业讲解：在罗马和佛罗伦萨的的观光过程中，特意安排了专业持牌 Local Guild 为大家进行景点介绍。

导游风采：邓导，服装设计专业，曾留学意大利，后留在米兰定居，米斯特拉金牌导游。讲解专业全面，控团力度强，十几年欧洲带团经验，能够悉心照顾团员，重视客户随时要求，应变能力强，零投诉。

池导：山西人，热情风趣，讲解专业，长期居住在西西里岛巴勒莫，西西里八年带团经验，热爱导游事业，热爱西西里岛，喜欢根据自己的亲身经历去感染客人，让客人不只是看到西西里的美，更深入地了解西西里的魅力所在。

餐馆特色：

团队行进过程中我们特意安排了三次意大利风味餐，让我们的 VIP 客人感受到意大利美食的精彩。

1. 在威尼斯至佳的料理莫过于海鲜餐。
2. 陶尔米纳意大利特色餐。
3. 西西里岛的美食结合了地中海特有的浓郁风味，以新鲜的水果蔬菜，纯天然橄榄油，意大利通心粉为主，当然还有地中海的海鲜和意大利人最爱的西红柿。

额外赠送：

古代希腊人把意大利叫做葡萄酒之国（Enotria）。意大利的葡萄酒历史久远，已经超过 3000 年。街道上到处可见豪放地喝着葡萄酒的意大利人，不禁让人想起在佛罗伦萨见到的米开朗琪罗作品酒神巴克斯像。酩酊大醉的美丽青年像在讴歌着奔放、丰富的自然恩惠和生命。

我们特地在米兰的进餐中免费安排了团员品尝当地纯正的葡萄酒，让我们的 VIP 团员在惊喜之余感受到意大利不同文化的魅力所在。

现场要求：

回国当天，根据团员搭乘的 AF1605 次航班 14:20 的起飞时间，我们计划提前 4 小时出发抵达巴黎机场，办理退税及登记手续。但是团员们希望能够再留出多一点的时间满足他们最后的购物需求。

考虑到退税单如果在境外盖过退税章，也可以拿到国内办理退税手续，我们决定满足团员在境外的最后一点愿望，将退税地改为目的地北京机场，并及时通知境内操作人员，安排人员接机，协助团员们办理退税手续，最终团员们顺利在北京机场办完退税，拿到返还税金。同时，顺利帮助团员办好登记及退税单盖章等手续。

退税流程:

北京机场退税地址:北京首都国际机场 3 号航站楼 2 层国际到达厅中国工商银行望京支行北京机场分理处。

因为客人没有在境外办理退税,我们专门派人在航班抵达前,赶到北京首都国际机场 3 号航站楼 2 层国际到达厅中国工商银行望京支行北京机场分理处,领取并帮团员提前填写《个人境外消费退税申请表》,客人抵达后直接在退税窗口凭本人护照原件及退税单退到欧元现金,极大地节省了客户自己办理的时间。

客户评价:

1. 专业品质:整个行程从设计,到落实、安排、接待,无一不表露出你们专业至上的服务品质。

2. 高效配合:在酒店、导游、餐饮及客户的需求上,尽善尽美地达到高效配合。

3. 沟通及时:两位导游的专业讲解、控团能力都很强,配合力度高,沟通反应非常及时,有效地帮助我们了解团队在行进过程中的情况。

成长总结:

1. 西西里岛的中文导游资源缺乏,需要提前预订,特别是旺季,需要至少提前一个月;

2. 著名的名胜区埃特纳火山,山上山下温差较大,需要带保暖衣物;

3. 欧洲中餐馆的团餐菜单相似性很大,容易出现换了餐馆没换菜品的现象,这就需要我们注意跟每家预订的中餐馆索要菜单,协调菜品,尽量减少重复现象。

资料来源:http://itatour.net/incentive/archives/166

 复习思考题

一、名词解释

奖励旅游

二、简答题

1. 奖励旅游的特点主要有哪些?

2. 我国奖励旅游需要进行哪些方面的基础分析?

三、论述题

1. 请以小组为单位,根据奖励旅游策划的特点,设计完成某一主题奖励旅游的策划方案,要求必须具有创新性和可操作性

2. 根据各小组奖励旅游策划方案成果展示,分别对每一个策划方案提出改进建议。

参考文献

[1] 王保伦. 会展旅游[M]. 北京:中国商务出版社,2004
[2] 樊国敬. 会展旅游[M]. 北京:华中科技大学出版社,2011
[3] 张河清. 会展旅游[M]. 广州:中山大学出版社,2011
[4] 张显春. 会展旅游[M]. 重庆:重庆大学出版社,2007
[5] 王起静,邱鸣. 会展活动策划与管理经典案例[M]. 天津:南开大学出版社,2012
[6] 贾晓龙. 会展旅游[M]. 北京:清华大学出版社,2011
[7] 卢晓. 节事活动策划与管理[M]. 上海:上海人民出版社,2012
[8] 金辉. 会展概论[M]. 上海:上海人民出版社,2011
[9] 傅广海. 会展与节事旅游管理概论[M]. 北京:北京大学出版社,2007
[10] 郭英之,王云龙. 会展旅游[M]. 北京:旅游教育出版社,2007
[11] 胡平. 会展运营管理[M]. 北京:旅游教育出版社,2007
[12] 郑建瑜,马勇. 大型活动策划与管理[M]. 重庆:重庆大学出版社,2007
[13] 朱沁夫,雷春. 会展策划与管理[M]. 哈尔滨:哈尔滨工程大学出版社,2012
[14] 马勇,肖轶楠. 中国会展概论[M]. 北京:中国商务出版社,2010
[15] 崔益红. 会展概论[M]. 北京:北京大学出版社,2011
[16] 郭英之. 旅游会展市场前沿理论与实证[M]. 上海:复旦大学出版社,2009
[17] 刘嘉龙,朱承强. 会展策划与管理[M]. 北京:中国旅游出版社,2004
[18] 贾晓龙,蔡洪胜. 会展旅游实务[M]. 北京:清华大学出版社,2012
[19] 邓玲. 会展旅游实务[M]. 北京:中国劳动社会保障出版社,2006
[20] 沈金辉,章平. 会展旅游[M]. 大连:东北财经大学出版社,2009
[21] 祁欣. 会展旅游[M]. 北京:清华大学出版社,2013
[22] 戴光全,张骁鸣. 节事旅游概论[M]. 北京:中国人民大学出版社,2011
[23] 王春雷,梁圣蓉. 会展与节事营销[M]. 北京:中国旅游出版社,2010
[24] 吴必虎,党宁. 会展节事与城市旅游[M]. 北京:中国旅游出版社,2009
[25] 黄翔. 旅游节庆策划与营销研究[M]. 天津:南开大学出版社,2008

[26] 马聪玲. 中国节事旅游研究[M]. 北京:中国旅游出版社,2009
[27] 陈鲁梅. 会展策划与管理[M]. 北京:化学工业出版社,2009
[28] 黄向,李正欢. 会展管理:原理、案例[M]. 广州:暨南大学出版社,2009
[29] 陈薇. 会展营销[M]. 重庆:重庆大学出版社,2013
[30] 张红. 会展概论[M]. 北京:高等教育出版社,2006
[31] 张捷雷,李水林. 会展管理实训教程[M]. 南京:东南大学出版社,2009
[32] 邹树梁. 会展经济与管理[M]. 北京:中国经济出版社,2008
[33] 周彬. 会展旅游管理[M]. 上海:华东理工大学出版社,2003
[34] 王方华,过聚荣. 中国会展经济发展报告[M]. 北京:社会科学文献出版社,2009
[35] 丁霞. 会展策划与管理[M]. 北京:高等教育出版社,2006

责任编辑：刘彦会

图书在版编目(CIP)数据

会展旅游／刘开萌，肖靖主编． —— 北京： 旅游教育出版社，2014.1(2021.1重印)

新编高职高专旅游管理类专业规划教材

ISBN 978-7-5637-2871-8

Ⅰ．①会… Ⅱ．①刘… ②肖… Ⅲ．①展览会—旅游—高等职业教育—教材 Ⅳ．①F590.7

中国版本图书馆 CIP 数据核字(2014)第 002955 号

新编高职高专旅游管理类专业规划教材

会展旅游

刘开萌　肖靖　主编

出版单位	旅游教育出版社
地　　址	北京市朝阳区定福庄南里1号
邮　　编	100024
发行电话	(010)65778403 65728372 65767462(传真)
本社网址	www.tepcb.com
E - mail	tepfx@163.com
排版单位	北京旅教文化传播有限公司
印刷单位	北京玺诚印务有限公司
经销单位	新华书店
开　　本	787 毫米×960 毫米　1/16
印　　张	12.25
字　　数	192 千字
版　　次	2014 年 1 月第 1 版
印　　次	2021 年 1 月第 3 次印刷
定　　价	29.00 元

(图书如有装订差错请与发行部联系)